MARCO POLO

Köln

Reisen mit **Insider Tipps**

Diesen Reiseführer schrieb Jürgen Raap.
Er ist gebürtiger Kölner und lebt als
freier Autor in seiner Heimatstadt.

www.marcopolo.de
Infos zu den beliebtesten Reisezielen
im Internet, siehe auch Seite 92

SYMBOLE

Insider Tipp **Marco Polo Insider-Tipps:**
Von unserem Autor für Sie entdeckt

★ **Marco Polo Highlights:**
Alles, was Sie in Köln kennen sollten

Hier haben Sie eine schöne Aussicht

Wo Sie junge Leute treffen

PREISKATEGORIEN

Hotels

€€€	über 120 Euro
€€	90–120 Euro
€	bis 90 Euro

Die Preise gelten für zwei Personen im Doppelzimmer mit Frühstück pro Nacht. Bei manchen Veranstaltungen heben einige Hotels die Preise an.

Restaurants

€€€	über 19 Euro
€€	14–19 Euro
€	bis 14 Euro

Die Preise gelten für ein für das jeweilige Restaurant typisches Hauptgericht ohne Getränke.

KARTEN

[100 A1] Seitenzahlen und Koordinaten für den Cityatlas Köln

[110 A1] Koordinaten für die Karte Köln und Umgebung

[0] außerhalb des Kartenausschnitts

Zu Ihrer Orientierung sind auch die Objekte mit Koordinaten versehen, die nicht im Cityatlas eingetragen sind.

Eine Übersicht über den Verkehrsverbund Rhein-Sieg finden Sie im hinteren Umschlag.

GUT ZU WISSEN

Kölsche Lösung **8** · Domschatzkammer **26**
Entspannen & Genießen **28** · Richtig fit! **31** · Verflucht **38**
Kölner Spezialitäten **50** · Bermudadreieck **59** · Filmkunsttheater **75**
Ein Abend zum Lachen **77** · Lesetipps **94**

INHALT

Die wichtigsten MARCO POLO Highlights

Sehenswürdigkeiten, Orte und Erlebnisse, die Sie nicht verpassen sollten

1 Musikfest am Ring
Das größte Openairkonzert der Welt. Im August spielen Livebands drei Tage lang in der Innenstadt (Seite 17)

2 Art Cologne
Die älteste Messe für moderne Kunst. Im November wird Köln zum Mekka für Künstler, Museumsleute, Sammler und Kritiker (Seite 17)

3 Eigelsteintorburg
Symbol aus Stein: Das Relief des »Kölschen Boor« repräsentiert die Wehrhaftigkeit der mittelalterlichen Stadt (Seite 20)

4 Rathaus
Kunsthistorisch wertvolle Renaissancefassade. Von der Laube aus wurden früher die Ratsbeschlüsse verkündet (Seite 22)

5 Dom
Gotische Baukunst: Die Türme sollten in den Himmel wachsen und die Glasfenster das Innere in mystisches Licht tauchen (Seite 25)

6 St. Ursula
Reichlich bizarr wirkt die Goldene Kammer mit Knochenreliquien (Seite 29)

7 Skulpturenpark
Bildhauer zeigen ihre Plastiken und Installationen in dem Park an der Zoobrücke (Seite 30)

Kölns Wahrzeichen Nummer eins: der Dom

Römisch-Germanisches Museum

XX-Dos Equis

8 Fischmarkt
Schöne Aussicht auf Groß St. Martin und die Altstadthäuser; oft sorgen auch Straßenartisten für Kurzweil (Seite 31)

9 Museum Ludwig
Ein Muss für alle Kunstfans: Eine der international bedeutendsten Sammlungen mit Werken des 20. und 21. Jhs. (Seite 41)

10 Römisch-Germanisches Museum
Auf dem 1700 Jahre alten Dionysos-Mosaik speisten Gerhard Schröder und Bill Clinton (Seite 42)

11 Nippes
»Heute Tomaten mit ganz vielen Vitaminen!« Kölsche und südländische Marktschreier überbieten sich mit originellen Sprüchen (Seite 61)

12 Hotel Savoy
Lieblingsherberge prominenter Schauspieler (Seite 64)

13 Kölner Philharmonie
Bühne für internationale Klassikstars und renommierte Kölner Orchester. Das Programm reicht von Beethoven bis John Cage (Seite 73)

14 XX-Dos Equis
Am Wochenende Mittelpunkt des Kölner Amüsierviertels zwischen Ring und Friesenstraße (Seite 76)

15 Senftöpfchen
Tolle Shows und Auftritte von Kabarett- und Comedystars (Seite 77)

★ *Die Highlights sind in der Karte auf dem hinteren Umschlag eingetragen*

Entdecken Sie Köln!

Medienmetropole und Karnevalshochburg – Köln macht sich fit für die Zukunft und bewahrt gleichzeitig seine nonchalante Lebensart

Biergarten im Stadtgarten

Die Hohenzollernbrücke ist so gebaut, dass Sie bei der Ankunft das Gefühl haben, der Zug fahre genau auf den Dom zu. Aus dem Abteilfenster blicken Sie auf die Schokoladenseite: auf den Rhein mit der weißen Flotte der Ausflugsdampfer, die Brücken, die schmalbrüstigen Häuser der Altstadt, den mächtigen romanischen Bau von Groß St. Martin. Wenn Sie ein paar Minuten später ins Taxi steigen, hören Sie, dass Sie tatsächlich in Köln sind: Der Chauffeur fragt in rheinischem Singsang: »Wo soll et dann hinjehn?«

Ob Köln eine Millionenstadt ist, hängt von der Zählweise ab. Im Statistischen Landesamt Düsseldorf kommt man zu einem anderen Ergebnis als im Kölner Amt für Statistik. Die Kölner rechnen nämlich auch die Studierenden mit, die nur mit Zweitwohnsitz gemeldet sind. Dann sind es tatsächlich 1 014 000 Einwohner.

Für die Kölner Lokalpresse liegt diese Zahl sogar deutlich über einer Million. Diese Sichtweise ist typisch kölsch. Wenn der 1. FC Köln ein Spiel gewinnt, singen die Fans voller Freude »Et hätt noch immer jot jejange« (Es ist noch immer gut gegangen), und der Trainer wird heilig gesprochen. Bei einer Niederlage tröstet man sich damit, dass der Club ja zuletzt erst 1978 deutscher Meister war. Im Zeitgefühl einer Stadt mit Relikten und Reliquien aus 2000 Jahren ist das noch nicht so lange her.

Rheinischen Optimismus verbreitet auch der Wirtschaftsdezernent: Bis zum Jahr 2030 müsse sich Köln keine Sorgen wegen einer Überalterung machen. Denn vor allem die Ansiedlung von Firmen der Medien- und Kommunikationsbranche führte in den vergangenen Jahren zu einer Zuwanderung junger Westdeutscher unter 30 Jahren. Diese Altersgruppe prägt die Atmosphäre in den Clubs und Szenekneipen.

Zehn Fernseh- und Rundfunksender haben ihren Sitz in Köln. Trotz des Wegzugs von »Viva« nach Berlin: Köln ist die Medienmetropo-

Groß St. Martin war lange das Wahrzeichen der Stadt

Kölsche Lösung

Rheinländer sind kompromissfähig

Zu ihren Lokalheiligen haben die Kölner bis heute ein ungebrochenes Verhältnis. Einer der Stadtpatrone ist der hl. Severin. Er war Bischof in Köln und wurde nach dem Tod in seiner Geburtsstadt Bordeaux beerdigt. Bei einer Dürreperiode wollten die Kölner den Heiligen anrufen, um einen Wetterumschwung zu bewirken. Dazu benötigten sie aber seine Gebeine, und so machte sich eine Delegation auf den Weg nach Frankreich. Dort sträubte man sich zunächst, ihnen die Reliquien zu überlassen. Schließlich einigte man sich – die Kölner zogen mit dem halben Severin heim. Dieser Kompromiss ist ein gutes Beispiel für das Prinzip der »kölschen Lösung«, die man mit der Formel bekräftigt: »Do han mer all jet vun« (Davon haben wir alle etwas).

le Nummer eins mit 15 000 Mitarbeitern in 800 Firmen. Mehr als 40 internationale Messen finden jährlich in Köln-Deutz statt.

Mit acht Hochschulen ist Köln ein Zentrum für Bildung, Forschung und Wissenschaft. Die Forschungsstätten sind Schwerpunkte für die Schlüsseltechnologien des 21. Jhs.: Multimedia, Kommunikations- und Softwaretechnologie, Medizin, Biotechnologie, Solar- und Umweltforschung.

Das alles weiß freilich kaum jemand, wie eine Diplomarbeit der Kölner Universität belegt. Regelmäßige Befragungen von Einheimischen wie von Bewohnern anderer Regionen führen nämlich immer wieder zu demselben Ergebnis: Bei Köln denkt man gemeinhin nur an Dom, Rhein, Karneval, Tünnes und Schäl, Kölnisch Wasser, Millowitsch-Theater und Kölsch-Bier. Alle Jahre wieder startet man daher Kampagnen, um Kölns Ruf als modernes Wirtschaftszentrum zu stärken.

»Es gibt ihn noch, den urtümlichen Volkskarneval«

Freilich ist auch der Karneval ein Wirtschaftsfaktor, der u. a. Mützensticker und Musiker, Kostümschneider und Kellner ernährt. Rund 100 Karnevalsgesellschaften veranstalten zwischen Neujahr und Aschermittwoch etwa 500 Bälle und Sitzungen. An den tollen Tagen zwischen Weiberfastnacht und Rosenmontag haben Sie nur zwei Möglichkeiten: Sie meiden die Stadt, oder Sie feiern mit! Nur müssen Sie wissen, wo und wie.

Das Fernsehen hat einer fragwürdigen Kommerzialisierung Vorschub geleistet. In den typischen Touristenfallen werden Sie Opfer gastronomischen Nepps. Plumpe Altherrenwitze und Rumtata-Gedröhne als Kulisse für ein Massenbesäufnis sind gewiss nicht jedermanns Sache. Das hat mit urkölschem Brauchtum allerdings auch nichts (mehr) zu tun.

Bei den kleineren Gesellschaften und in den Kneipen des Severinsviertels können Sie aber immer noch einen wirklich schönen und urtümlichen Volkskarneval erleben.

Auch wenn heute nur ein Drittel der Einwohner gebürtige Kölner sind: Die mediterrane Leben-und-leben-lassen-Atmosphäre beeinflusst auch die Zugereisten. In Brauhäusern und Biergärten können Sie feststellen: Rheinländer sind unkompliziert und kontaktfreudig, aber beschränken diese Kontakte auf Flüchtiges. Im Senftöpfchen-Theater erklärt Ihnen der Kabarettist Konrad Beikircher, dass man auf die nichts sagende Grußformel: »Wie is et?« nur ein ebenso unverbindliches »Jot!« erwartet und keineswegs eine ausführliche Schilderung der Befindlichkeit.

»Das Verhältnis zu Autoritäten ist unbefangen«

Große Namen und sozialer Status machen in dieser Bürgerstadt keinen Eindruck. Promis sind einfach nur »Lück wie ich un du« (Lück = Leute). Auch sonst ist das Verhältnis der Kölner zur Obrigkeit und zu anderen Autoritäten eher unbefangen. Treffen sie auf Mitmenschen mit Neigung zu gespreiztem Gehabe, demonstrieren sie gern ihre Vorliebe für Erdverbundenes und Schnörkelloses: »Mach nit esu en Jedöns!«

Das Einzige, was die Kölner sich an metaphysischer Anwandlung leisten, ist die Überzeugung »Et kütt, wie et kütt« (Es kommt wie es kommt). Sie lässt sie die Widrigkeiten des Lebens mit stoischem Gleichmut ertragen.

Nach der Devise »Seid nett zueinander« lebten schon die Urkölner. Das waren die Ubier, die der römische Statthalter 38 v. Chr. am linken Rheinufer ansiedelte. Als handfeste Pragmatiker zogen sie es

Nord-Süd-Fahrt mit den Gebäuden des Westdeutschen Rundfunks

vor, mit den Römern Handel zu treiben statt Kriege zu führen.

Egal, wer in den folgenden 2000 Jahren die Stadt regierte: Die Bürger wussten immer hinter dem Rücken der weltlichen wie der geistlichen Obrigkeit ihre eigenen Interessen zu wahren. Aus diesem Gemauschel entstand seit dem Mittelalter der sprichwörtliche »kölsche Klüngel«. Das Wort bedeutet Knäuel – für den Außenstehenden ist der Klüngel etwas undurchsichtig Verwobenes. Dessen moderne Ausdrucksform brachte Konrad Adenauer in seiner Zeit als Kölner Oberbürgermeister (1917 bis 1933 und 1945) auf die Formel: »Man kennt sich, man hilft sich«.

Damit es keiner wagt, eine klare Grenze zwischen dem legalen Klüngel und krimineller Korruption zu überschreiten, hat der OB einen Ehrenrat gegründet. Das hört sich ein wenig wie Elferrat oder Ehrengarde und für die kölsche Seele somit recht vertraut an. Ohnehin behaupten alle, sie klüngelten immer nur zum Wohle der Stadt, nie zum eigenen.

Die wunderschönen romanischen Kirchen sind Zeugnisse des einstmals »hillige Kölle«, aber die selbstbewussten und freisinnigen Bürger verstanden es durchaus, ihre Frömmigkeit mit den vitalen Interessen des Diesseits zu verbinden. 1288 verbannten sie den Erzbischof, der auch Kurfürst war, aus ihren Mauern – Köln war von nun an de facto freie Reichsstadt.

Später fielen die Bewohner aber nicht mehr durch allzu großen umstürzlerischen Elan auf. Im Kölnischen Stadtmuseum sehen Sie ein Bild mit einer Szene der Revolution von 1848: Die Kölner Revolutionäre hatten ihre Barrikade mit Bedacht direkt neben einer Weinkneipe errichtet. Der Legende nach soll Stunden später ein preußischer Schutzmann das Lokal betreten und den Zechern zugerufen haben: »Ihr könnt die Barrikade wieder abbauen; die Revolution ist vorbei!«

In dieser Zeit tauchten im Hänneschen-Theater erstmals die Figuren Tünnes und Schäl auf. Sie veranschaulichen die beiden Seiten des kölschen Wesens: Tünnes verkörpert den pfiffig-bäuerlichen Einschlag; er ist ein Trieb- und Sinnenmensch. Schäl ist der Kulturbürger.

Köln war nie eine feudale Residenzstadt mit breiten Boulevards, sondern immer eine Stadt der Kaufleute und Handwerker mit verwinkelten Straßen und Gassen.

»Kaufleute und Handwerker waren bestimmend«

Erst die Nazis planten, über die Hahnenstraße und die Cäcilienstraße eine breite Schneise in das Stadtbild zu schlagen, weil sie Platz für ihre pompösen Aufmärsche brauchten. In den 30er-Jahren sanierte man das Labyrinth des Martinsviertels.

Aus der Epoche des Wiederaufbaus nach 1945 steht heute vieles unter Denkmalschutz. In den Wirtschaftswunderjahren propagierten die Planer freilich auch die autogerechte Stadt. Das führte 1964 zur städtebaulichen Fehlleistung der Nord-Süd-Fahrt, die intakte Innenstadtviertel brutal zerschnitten hat.

Mit dem Breslauer Platz an der Rückseite des Hauptbahnhofs harrt eine der hässlichsten Ecken Kölns immer noch einer Neuordnung. Wenigstens auf der Domseite ist der

Dampferfahrten auf dem Rhein sind bei gutem Wetter ein Hit

Bahnhofsvorplatz endlich neu gestaltet worden.

Fast 2000 Jahre lang orientierten sich die Kölner kulturell am linken Rheinufer, an den Fundamenten der römischen und mittelalterlichen Stadt. Die rechte Uferseite wurde hingegen vernachlässigt und sogar gemieden. Sie galt als »Schäl Sick«, als schielende Seite. Der Name leitet sich von den Pferden ab, die einst die Lastkähne am Ufer stromaufwärts zogen. Zur Flussseite hin legte man ihnen Scheuklappen an, was bei den Tieren auf Dauer zum Schielen führte.

» Das linke Rheinufer wurde bevorzugt «

Für die Römer lebten auf der Schäl Sick die Barbaren, und auch im 20. Jh. beurteilte man das rechte Rheinufer nicht viel schmeichelhafter. Als Oberbürgermeister Konrad Adenauer in den 20er-Jahren auch preußischer Landtagsabgeordneter war und einmal im Monat mit dem Zug nach Berlin fuhr, pflegte er angeblich schon auf der Rheinbrücke seine Mitreisenden zu belehren: »In Köln-Deutz fängt der Bolschewismus an.«

Erst in unseren Tagen erfahren die rechtsrheinischen Vororte Deutz und Kalk eine urbane Aufwertung, durch die Mehrzweckhalle Kölnarena, das Technische Rathaus, den Neubau des Polizeipräsidiums und durch den ICE-Bahnhof Köln-Deutz.

Dann wird nur noch der Name der Schäl-Sick-Bar im Hyatt Regency an frühere Zeiten erinnern. Von der Terrasse dieses Hotels aus haben Sie übrigens eine sagenhafte Aussicht aufs Rheinpanorama. Kaum ein Postkartenfotograf versäumt es, an dieser Stelle sein Stativ aufzubauen: Dom, Museum Ludwig, Rheingarten und Stapelhaus sind eben typisch kölsch.

Ähzebär und Bläck Fööss

Aus Opposition zum Schunkelwalzer entstanden Stunksitzung und Mundartbands

Insider Tipp

Alternativer Karneval

Im Mittelalter stellten die Narren die strenge Feudalordnung symbolisch auf den Kopf und nahmen sich alle möglichen Freiheiten heraus. Die Funken und Garden des 19. Jhs. veralberten mit Ordensverleihungen die Preußen und deren Militarismus. Später ging dieser anarchisch-subversive Charakter im Bürgerkarneval allerdings fast völlig verloren. Anders feierten jedoch schon um 1930 die Künstler mit ihren Lumpen- und Scheunenbällen: Dort erschien man nicht im Frack wie bei den Sitzungen der etablierten Bürgergesellschaften, sondern im Lumpenkostüm. Aus diesem Künstlerkarneval bildeten sich als lose Gruppe die *Ahl Säu* (Alte Säue), die noch heute inoffiziell dem eigentlichen Rosenmontagszug voranmarschiert.

Statt müder Witze böse satirische Attacken auf die Obrigkeit und den offiziellen *Fastelovend:* Das ist seit 1984 das Prinzip der alternativen *Stunksitzung.* Deren Bissigkeit hat bei vielen Jüngeren, die sonst mit »Kölle Alaaf« nichts zu tun haben wollen, erst Begeisterung für die fünfte Jahreszeit geweckt. Alle 40 Vorstellungen sind schon Wochen vorher ausverkauft! Dadurch ließen sich auch andere zu alternativen Sitzungen inspirieren: Die *Rosa Funken* marschieren zur Rosa Sitzung der Schwulenszene ein. Die Kölsch-Rock-Szene zelebriert keine Sitzung, sondern eine *Sackjeseech-party* (Sackgesichtparty).

Auch der Straßenkarneval erfährt eine Bereicherung durch die Alternativszene. Ein Wintergeist, in hochdeutscher Übersetzung mit Namen Erbsenbär, ist Maskottchen des Vereins *Ähzebär und Co,* der Karnevalssamstag bei Einbruch der Dunkelheit den Geisterzug durch die Stadt ziehen lässt: Dumpfe Trommelschläge, Fackeln und Gespenstergeheul knüpfen an die ursprünglichen Rituale des Winteraustreibens an. Zum Ende des Festes gegen Mitternacht verbrennt man den Ähzebär; doch er ist unsterblich und kommt jedes Jahr wieder.

Comedy aus Köln

Die Stunksitzung erweist sich immer wieder als Sprungbrett für eine Kabarett- oder Comedykarriere. Didi Jünemann und der Ex-Stunker Jürgen Becker sind im WDR-TV mit

Der WDR ist die erste Adresse in der Medienstadt Köln

Eine Adresse wurde Markenzeichen: Glockengasse 4711

ihrem »Missionswerk Rheinischer Frohsinn« unterwegs. Außerdem präsentiert »Heimathirsch« Becker im WDR-Fernsehen die »Mitternachtsspitzen«. Gaby Köster, einst Präsidentin der Stunksitzung, hatte inzwischen bei RTL eine eigene Comedyserie: »Ritas Welt«.

Köln ist das Epizentrum des seit den 1990er-Jahren anhaltenden Comedybooms. Gleich zwei Lachmuskelfestivals locken den Nachwuchs an: Die Sieger erobern anschließend üblicherweise die TV-Studios und werden bundesweit bekannt. Dies gelang in den vergangenen Jahren z. B. Rüdiger Hoffmann, Piet Klocke und Atze Schröder.

Hella von Sinnen und Wigald Boning begannen ebenfalls in Köln ihre TV-Karriere, desgleichen Tom Gerhard als »Hausmeister Krause«. Viele Fans erinnern sich noch an seine ersten Auftritte im Atelier-Theater in der Roonstraße. Etwa zur gleichen Zeit machte auch Dirk Bach einen Karrieresprung vom lokalen Theater in die Film- und TV-Studios.

Jeweils im Juli wird der Gewinner des Köln Comedy Cups ermittelt. Im Oktober treten Standupcomedians, Bands und Kabarettisten auf den 120 Veranstaltungen des Internationalen Köln Comedy Festivals auf. Es wird von Stunksitzungsgrabredner Winni Rau organisiert. Höhepunkt dieses Festivals ist die Verleihung des Deutschen Comedy Preises.

Eau de Cologne

1794 ließ ein französischer Besatzungsgeneral alle Gebäude durchnummerieren. Das Haus von Wilhelm Mülhens in der Glockengasse bekam die Nummer 4711. Diese Hausnummer gilt übrigens heute noch! Betreten Sie ruhig den Laden und erfrischen Sie sich am Kölnisch-Wasser-Brunnen. Das Destillat aus Alkohol und Blütenölen wurde bereits 1709 von Johann Maria Farina in Köln hergestellt.

1792 bekam Wilhelm Mülhens das Geheimrezept von einem Mönch namens Franz Carl Georg Farina als Hochzeitsgeschenk überreicht. Die Essenz galt ursprünglich als Wunderwasser, das gegen Kopfschmerzen, Herzrasen und sogar die Pest helfen sollte. Als Napoleon 1810 eine Offenlegung aller Arzneirezepturen einforderte, konnte Mülhens das Geheimnis allerdings nur wahren, indem er die Mixtur fortan als Duftwasser zu Erfrischungszwecken anbot. In Erinnerung an den Ursprung von Eau de Cologne beginnt das Glockenspiel an der Fassade des Stammhauses in der Glockengasse sein Programm immer mit der Marseillaise.

Kölsch-Rock
Die Stowaways waren Ende der 1960er-Jahre eine der unzähligen Kölner Beatbands mit englischen Texten. 1970 begann sich die Gruppe Bläck Fööss (nackte Füße) zu nennen und bot fortan ihre Songs auf kölsch dar. Mit ihren Rhythmen revolutionierten sie den Karneval, dessen musikalisches Repertoire bis dahin nur aus Schunkelwalzer und Klatschmarsch bestanden hatte. Nach seinem Ausstieg bei den Bläck Fööss gründete Tommy Engel 1992 mit Arno Steffen und Rolf Lammers das Trio LSE. Ihr Motto lautet: »Ruhm kennt keine Gnade«. Die Songs erzählen witzig-schräge Geschichten.

Als kölscher Tom Waits gilt Gerd Köster. Die Band Brings erreichte 2001 mit »Supergeile Zick« (Zick heißt Zeit) ihren bisher größten Erfolg. Der Schlagzeuger Christian Blüm hat übrigens einen bekannten Vater: den Minister a. D. Norbert Blüm.

Bundesweit bekannt wurde der kölsche Rock 'n' Roll jedoch vor allem durch Wolfgang Niedecken und seine Band BAP. Anfang der 1980er-Jahre setzten sie der neuen deutschen Welle in schnörkellosem Rocksound ihr »Verdamp lang her« entgegen. BAP ist übrigens eine phonetische Variante des rheinischen *Pap* für Papa. Von der Urformation ist nur noch Wolfgang Niedecken dabei. Die politisch-kritischen Texte sind noch immer höchst aktuell.

Medienstadt Köln
Barbara Salesch, Stefan Raab, Harald Schmidt... Köln hat einen fast so hohen Promifaktor wie die anderen großen Medienstädte Berlin oder München. Die Kölner Kunsthochschule für Medien ist einzigartig in Deutschland. Fast ein Drittel des ARD-Programms kommt aus den WDR-Studios: Die Kölner »Tatort«-Folgen und Wiederholungen der »Schimanski«-Reihe erzielen regelmäßig Spitzenquoten. »Die Fußbroichs« breiten ihr reales Familienleben vor der Kamera aus. Ute Diehl dokumentiert in der »einzig wahren Familienserie« den Alltag von Fred, Annemie und Sohn Frank.

RTL mit seiner Redaktion im Vorort Junkersdorf und den Studios in Hürth hält mit Soaps und Serien dagegen. Vox, Super RTL und Phoenix senden ebenfalls aus der Domstadt. Aus hiesigen Studios erfreuen die »Freitagnacht News« und Stefan Raab ihre Fangemeinden. Im Durchschnitt drehen an jedem Wochentag zwei TV-Teams auf Kölner Straßen – freilich nicht immer zur Freude der Anwohner, die dann tagelang auf ihre Parkplätze verzichten müssen.

Feste, Events und mehr

Photokina und Prozession – der Kölner Veranstaltungskalender ist prall gefüllt

Im Jahr 1400 gab es in Köln 110 Sonn- und Feiertage pro Jahr. Sie boten den Bürgern reichlich Anlässe, ihren Ruf als sinnenfroher Men-

Kölner Karneval

schenschlag zu begründen und zu festigen. Heute beginnt der Straßenkarneval an Weiberfastnacht (Donnerstag vor Rosenmontag) Punkt 11.11 Uhr auf dem Alter Markt. Wollen Sie an den tollen Tagen in Ruhe Einkäufe tätigen – vergessen Sie's. Überall dröhnen Ihnen die Stimmungshits entgegen, bis am Dienstag Punkt 24 Uhr vor den Kneipen eine Strohpuppe *(Nubbel)* verbrannt wird. Ähnliches Gedränge wie am Rosenmontagszug herrscht während des Musikfests am Ring vor den Bühnen der HipHop-Bands.

Feiertage

1. Jan., *Karfreitag, Ostermontag,* **1. Mai,** *Christi Himmelfahrt, Pfingstmontag, Fronleichnam,* **3. Okt.** *(Tag der Deutschen Einheit),* **1. Nov.** *(Allerheiligen),* **25. und 26. Dez.**

Veranstaltungen

Januar

Insider Tipp *Volkssitzung der KG Alt Köllen* in einem Zelt auf dem Neumarkt Mitte Januar. So bunt ist sonst kaum eine Kostümsitzung.

Insider Tipp Alternativ-kabarettistisch geht es auf der *Stunksitzung* zu.

Februar

Straßenkarneval: Achtung! Weiberfastnacht dürfen Frauen Männern die Krawatten abschneiden. Die größten Umzüge sind die *Schull- un Veedelszöch* am Karnevalssonntag in der Innenstadt und der Rosenmontagszug. Nach dem Rosenmontagszug bis spät in die Nacht Insider Tipp *Treffen der Trommler am Severinstor.*

März
Lit.Cologne: Das Literaturhaus im Mediapark, Buchhandlungen, Theater, Kleinkunstbühnen und Kneipen laden zu Lesungen und Rezitationen ein.

April
Premieren: Am letzten Aprilwochenende führen alle Galerien zeitgleich Vernissagen durch.

Mai/Juni
Hänneschen-Kirmes: Schminkaktion für Kinder, Puppenspiel und *kölsche Tön* Mitte Mai auf dem Eisenmarkt.
Mülheimer Gottestracht: Bei dieser Fronleichnamsprozession auf dem Rhein fährt ein Prozessionsschiff in Begleitung vieler Bötchen von Mülheim Richtung Dom.

Juli
Insider Tipp *Romanischer Sommer:* Musikalische Wanderungen durch die romanischen Kirchen.
Christopher Street Day: bunt-schrille Parade der Schwulen und Lesben.
Köln Comedy Cup: Nachwuchsfestival im Biergarten der Dom-Brauerei.
Tanzbrunnen: Openairkonzerte mit Pop, Rock, Schlagern und den Bläck Fööss.

August
★ *Musikfest am Ring:* Drei Tage lang spielen Bands in der Kölner Innenstadt. Sozusagen der Rosenmontag für die HipHop-Fans.

September
Photokina: in Jahren mit gerader Zahl das Neueste an Digital- und Projektionstechnik. In Jahren mit ungerader Zahl *Fahrrad- und Motorradmesse IFMA (Tel. 82 10).*

Oktober
KölnMarathon: 700 000 Zuschauer feuern 22 000 Läufer an – ein ausgelassen-fröhliches Sportfest.
Internationales Köln Comedy Festival: Auf 120 Veranstaltungen darf gelacht werden.

November
★ *Art Cologne:* 250 internationale Galerien zeigen in der ersten Novemberwoche moderne Kunst. Viele Ausstellungen, Performances, Events in lokalen Kunstorten *(Tel. 8210).*

Christopher Street Day

Dezember
Weihnachtsmarktbuden auf dem Neumarkt, Roncalliplatz, Alter Markt und am Rudolfplatz.
Silvester: Den schönsten Blick aufs Feuerwerk haben Sie von der Deutzer Brücke aus.

Zwischen Römerturm und Severinsviertel ...

... mischen sich an jeder Ecke Geschichte und Gegenwart, Hochkultur und Volkstümliches

In Köln kann man sich leicht zurechtfinden: Alle Ausfallstraßen gehen sternfömig vom Dom als Mittelpunkt ab. Die Ringe – im 19. Jh. parallel zur alten Stadtmauer errichtet – begrenzen die Innenstadt, das Areal des mittelalterlichen Köln.

Von Worringen im Norden bis Godorf im Süden erstreckt sich die Stadt über 28 km. Genauso weit ist es von Lövenich im Westen bis Brück im Osten. Doch die meisten Sehenswürdigkeiten liegen im Zentrum und sind bequem zu Fuß zu erreichen. Lassen Sie das Auto also ruhig in der Hotelgarage, denn ein freier Parkplatz in der Nähe des Rathauses oder direkt vor St. Maria im Kapitol ist seltener als sechs Richtige im Lotto.

Bei Kriegsende 1945 war die Kölner Innenstadt zu 90 Prozent zerstört. Die orginalgetreue Rekonstruktion der romanischen Kirchen dauerte bis in die 1980er-Jahre. Am Alter Markt und am Rheingarten baute man die alten Häuser wieder

Die Hohenzollernbrücke scheint direkt zum Dom zu führen

Tünnes-und-Schäl-Denkmal

auf, mit ihren historischen Treppengiebeln und Fenstersimsen. Bei den wenigen modernen Gebäuden in der Altstadt bekamen die Architekten strenge Auflagen.

Das moderne Köln: In den 1980er-Jahren ist der Dom-Rhein-Komplex mit dem Museum Ludwig und dem Rheingarten städtebaulich neu akzentuiert worden. Am nordwestlichen Rand der Innenstadt entstand der Mediapark, und in den kommenden Jahren erhält auch die Halbinsel im Rheinauhafen ein neues Gesicht.

Das historische Zentrum bietet in geballter Konzentration an jeder Ecke Zeugnisse aus 2000 Jahren: Römische Ausgrabungen und Spuren des Mittelalters, und direkt daneben sind die Architekturvisionen der Moderne in Glas und Stahl gefasst. Sie treffen auf Romantisches und Lustiges, Hochkulturelles und Kitschig-Missglücktes, auf pralle Lebenslust und Beschauliches.

AUSSICHTSPUNKT

Domturm **[101 E2]**

Der Aufstieg ist etwas für Sportliche: Nach 509 Stufen sind die meisten aus der Puste, wenn sie die 95 m hohe Aussichtsgalerie erreicht haben. Gut eine halbe Stunde dauert der Aufstieg. In der Mitte des eisernen Glockenstuhls befindet sich die Petersglocke. Sie wurde 1923 in Apolda gegossen und ist mit 24 t die größte läutbare Glocke der Welt. *März, April, Okt. tgl. 9–17 Uhr, Mai–Sept. tgl. 9–18 Uhr, Nov.–Feb. tgl. 9–16 Uhr, Eintritt 2 Euro, Domkloster 4, Bahnen und Busse: Dom/Hbf.*

BAUDENKMÄLER & MONUMENTE

Eigelsteintorburg **[104 A3]**

★ Das nördliche Stadttor hieß früher Adlerpforte, in der französischen Besatzungszeit (1794–1814) Porte d'Aigle, phonetisch eingedeutscht zu Eigel.

In der rechten Turmnische hängen zum Gedenken an die Toten der MS Cöln im Ersten Weltkrieg die Reste eines hölzernen Rettungsboots. Wer damals seinen Trauring zum Einschmelzen spendete, durfte am Eigelsteintor einen Nagel in die hölzerne Skulptur des »Kölsche Boor« (Kölner Bauer) schlagen. Heute sehen Sie dort am linken Turm ein steinernes Relief dieses Bauern.

Der »Kölsche Boor« symbolisiert die Wehrhaftigkeit der mittellalterlichen Stadt. In wilhelminischer Zeit wurde er zum Symbol der Reichstreue umgedeutet, wie die Inschrift erläutert: »Halt fass am Rich do kölsche Boor, loss et nit fall ov söös ov soor« – Halt fest am Reich, du kölscher Bauer, lass es nicht fallen, ob (die Zeiten) süß oder sauer (sind).

Neben Prinz und Jungfrau (Symbol der Unversehrtheit der Stadt) ist der »Kölsche Boor« eine Figur im Dreigestirn des Karnevals. *Bahnen und Busse: Ebertplatz*

EL-DE-Haus **[100 C2]** Insider Tipp

Einer der schrecklichsten Orte in der Stadt: In der Nazizeit nutzte die Gestapo den Keller als Gefängnis. Die Wandinschriften dokumentieren die Leiden der Gefolterten. Oben finden Wechselausstellungen über Köln in der Nazizeit statt. *Di–Fr 10–16 Uhr, Sa, So 11–16 Uhr, kostenlose Führung jeden 1. So im Monat 14 Uhr, weitere Führungen nach Voranmeldung, Tel. 22 12 63 31, www.ns-doc.de, Appellhofplatz 23–25, U-Bahnen: Appellhofplatz*

Gürzenich **[101 E3–4]**

Die mittelalterlichen Kaiser machten nach ihrer Krönung in Aachen oft in Köln Station. Zu ihrem Empfang fehlte jedoch ein Festhaus, und so beschloss der Rat 1437 den Bau eines prächtigen Bankett- und Tanzsaals für 4000 Gäste. 80 000 Gulden kostete der gotische Bau damals. Später diente er als Lager- und Warenhaus. Seit dem 19. Jh. werden dort Konzerte und Bälle veranstaltet. *Martinstr. 29–31/Quatermarkt, U 1, 2, 7, 9: Heumarkt*

Mikwe/Judenbad **[101 E3]**
Die seit dem 4. Jh. existierende Kölner jüdische Gemeinde ist eine der ältesten nördlich der Alpen. Im Mittelalter lebten die Juden bis ins 14. Jh. im heutigen Rathausviertel. Auf dem Platz sieht man unter der Glaskuppel die unterirdischen Reste des Kultbades Mikwe (um 1150). *Mo 8–16, Di 8–18 Uhr, Mi/Do 8–16, Fr 8–12 Uhr, Schlüssel im Praetorium (Rathaus, Spanischer Bau), Sa/So 10–16 Uhr beim Pförtner des Römisch-Germanischen Museums, Unter Goldschmied, Bahnen und Busse: Dom/Hbf.*

insider tipp **Overstolzenhaus** **[101 E4]**
Die hohen Räume waren zugig und ziemlich ungemütlich, doch das 1230 fertig gestellte Haus der Weinhändlerfamilie Overstolz galt als eines der prächtigsten Patrizierhäuser. Mit seinem Stufengiebel ist es das einzige erhaltene Gebäude im spätromanischen Stil. *Rheingasse 8, Busse 132, 133, U 1, 2, 7, 9: Heumarkt*

Praetorium **[101 E3]**
Als man 1953 die Errichtung des Spanischen Baus gegenüber dem Historischen Rathaus begann, machten die Bauarbeiter einen sensationellen Fund: Die Palastanlage des römischen Statthalters, des Praetors. Die Ausgrabungen sind im Untergeschoss des Rathausneubaus zu besichtigen. Der Praetor hatte sich sogar eine Fußbodenheizung gegönnt. *Di–Fr 10–16 Uhr, Sa, So 10–17 Uhr, Kleine Budengasse (Seiteneingang Rathaus, Spanischer Bau), Bus 132: Rathaus, U-Bahnen: Dom/Hbf.*

MARCO POLO Highlights »Sehenswertes«

★ **Rathaus**
Spätgotischer Turm und Renaissancefassade (Seite 22)

★ **St. Ursula**
Die Gebeinkammer: ein Ort des mittelalterlichen Reliquienkults (Seite 29)

★ **Fischmarkt**
Schöner Platz mit alten Giebelhäusern, Biergärten und Fischbrunnen (Seite 31)

★ **Rheingarten**
Flanieren, Sitzen, Schauen – hier sind Sie im Herzen der Stadt (Seite 30)

★ **Dom**
Kölns Wahrzeichen zählt zum Weltkulturerbe (Seite 25)

★ **Eigelsteintorburg**
Steinernes Zeugnis der Geschichte Kölns (Seite 20)

★ **St. Maria im Kapitol**
Als Kuriosum finden Sie vier Rippen eines Wales (Seite 28)

★ **Zoologischer Garten**
Zirkusreife Fütterung der Seelöwen und ein neues Elefantengehege (Seite 30)

★ **Skulpturenpark**
Zeitgenössische Openairplastiken (Seite 30)

Rathaus **[101 E3]**
★ Als der Rat zwischen 1407 und 1414 den 61 m hohen Ratsturm im spätgotischen Stil erbauen ließ, geschah dies in bewusster Konkurrenz zu den benachbarten Kirchen: Die reichen Handelsbürger demonstrierten mit diesem Bauwerk ihr Selbstbewusstsein. Auf der Seite zum Alter Markt streckt unter der Turmuhr die Figur des Platzjabbeck dem Betrachter die Zunge heraus: Ein drastisches Sinnbild stolzen Bürgersinns, der alles andere als unterwürfig ist. Beim Wiederaufbau des Turms haben zeitgenössische Bildhauer 124 Standbilder mit Porträts von Berühmtheiten wie Karl Marx und Heinrich Böll an der Fassade angebracht. *Mo 8–16 Uhr, Di 8–18 Uhr, Mi/Do 8–16 Uhr, Fr 8–12 Uhr, Rathausplatz, Bus 132: Rathaus, U-Bahnen: Dom/Hbf.*

Rheinauhafen **[101 F5–6]**
In die Speicherhallen des 1898 angelegten Preußischen See- und Zollhafens sind inzwischen Museen und andere hafenfremde Nutzer eingezogen. Die Neubebauung sieht zu gleichen Teilen Wohnen, Kultur und Gastronomie vor. Vom Biergarten der *Hafenterrasse* aus haben Sie die alte Drehbrücke, das Schokoladenmuseum und den Yachthafen gut im Blick. Die Wurstbude kennen Sie als Kulisse aus den »Tatort«-Krimis. *Holzmarkt, Busse 132, 133 und U 3, 4: Severinstr.*

Römerturm **[100 B2]**
Etwa 50 n. Chr. entstandener Eckturm der römischen Stadtmauer mit Mosaik aus Natursteinen. *St. Apern Str./Zeughausstr., U-Bahnen: Appellhofplatz*

Römische Hafenstraße **[101 E2]**
Am Römisch-Germanischen Museum ist mit originalen Pflastersteinen ein Stück Römerstraße rekonstruiert worden. *Roncalliplatz, Richtung Bischofsgartenstr., Bahnen und Busse: Dom/Hbf.*

Römisches Nordtor **[101 D–E2]**
An der Nordwestecke der Domplatte. Hier ist es immer zugig, und Heinrich Böll vermutete, schon die römischen Wachleute hätten sich einen Schnupfen geholt. *Domplatte, Bahnen und Busse: Dom/Hbf.*

Ruine St. Alban **[101 E3]**
St. Alban war eine der ältesten Pfarrkirchen und wurde im Zweiten Weltkrieg zerstört. Die Ruine ist seit 1959 Gedenkstätte für die Toten beider Weltkriege. Im Innenhof steht die Kopie der Skulptur »Trauerndes Elternpaar« (1931) von Käthe Kollwitz. *Quatermarkt 4, U 1, 7, 8, 9: Heumarkt*

Stadtbefestigung
Heute noch verraten Straßennamen wie Pantaleonswall, Friesenwall, Gereonswall, wo seit dem 13. Jh. die mittelalterliche Stadtmauer verlief. In der Epoche der Industrialisierung war die Stadt zu klein geworden; 1881 trug man die Mauer größtenteils ab. Industrievororte wie Nippes und Ehrenfeld wurden eingemeindet. Erhalten ist noch der *Bayenturm* **[108 B2]**, heute als *Frauen-Media-Turm* genutzt. Die *Bottmühle* am Severinswall war früher eine Traubenmühle **[108 B2]**. Fünf Minuten Fußweg entfernt liegt das *Severinstor* am Chlodwigplatz **[108 A2]**. *Der Sachsenturm*, die *Ulrepforte* **[107 F2]** und das *Hahnentor* am Rudolfplatz **[100 A4]**

sind heute Sitz von Karnevalsgesellschaften. Der *Gereonsmühlenturm* **[103 E4]** und das *Eigelsteintor* werden für Partys genutzt. Wenige Schritte neben der *Bastei* **[104 B3]** steht der Gefängnisturm *Weckschnapp:* Wenn die Gefangenen unten im Verlies etwas zu essen haben wollten, mussten sie nach einer »Weck schnappen«, welche die Wärter an einer Schnur herunterbaumeln ließen.

Tünnes und Schäl **[101 E3]**
Jupp Engels, kölsches Original und Begründer des Kallendresserordens, beauftragte den Bildhauer Ewald Mataré mit dem Tünnes-und-Schäl-Denkmal (1958–64). Im Alltag sind die beiden Figuren bis heute in zahllosen Witzen lebendig. *Brigittengässchen, Bahnen und Busse: Dom/Hbf.*

BRUNNEN

Fastnachtsbrunnen **[101 E3]**
1825 erlebte Johann Wolfgang von Goethe den Kölner Karneval. In einem Gedicht warnte er vor allzu großen Ausschweifungen: »Löblich ist ein tolles Streben, wenn es kurz ist und mit Sinn ...« Diese Zeilen zieren den Brunnen (1913) von Georg Grassegger zusammen mit typischen Figuren aus der Brauchtumsgeschichte. *Gülichplatz, Bahnen und Busse: Dom/Hbf. oder Heumarkt*

Heinzelmännchen-Brunnen **[101 E2]**
»Ach, wie war es doch vordem, mit Heinzelmännchen so bequem ...«, dichtete August Kopisch 1836. Die fleißigen Zwerge erledigten unsichtbar das Tagwerk der faulen, schla-

Hahnentor am Rudolfplatz

fenden Kölner. Doch eine neugierige Schneidersfrau streute Erbsen auf die Treppe, um die Heinzelmännchen endlich einmal zu Gesicht zu bekommen. Nachdem sie unter lautem Wehklagen die Treppe hinuntergepurzelt waren, verschwanden die fleißigen Kerlchen auf Nimmerwiedersehen. *Am Hof, Bahnen und Busse: Dom/Hbf.*

Jan-von-Werth-Brunnen **[101 E3]**
Mitten auf dem Alter Markt steht der 1884 eingeweihte Brunnen als Denkmal für Jan van Werth (1593–1652). Der Sage nach war er ein Bauernbursche auf dem Kümpchenshof. Weil er der Magd Griet nicht fein genug war und sie ihn deshalb verschmähte, zog er in

den Dreißigjährigen Krieg. Schließlich kam er als siegreicher Reitergeneral in seine Heimatstadt zurück, wo Griet als Blumenverkäuferin am Stadttor saß und nun bedauern musste, ihn nicht geheiratet zu haben. *Alter Markt, Bahnen und Busse: Dom/Hbf. oder Heumarkt*

Ostermannbrunnen **[101 E3]**
Willi Ostermanns (1876–1936) Hymne »Ich mööch zo Foß noh Kölle jon« war unter den Nazis nicht wohlgelitten. Sie fürchteten Wehrkraftzersetzung, wenn Soldaten das Lied anstimmten. Das Brunnendenkmal (1938) zeigt Figuren aus Ostermanns Liedern. *Ostermannplatz, Bahnen und Busse: Dom/Hbf oder Heumarkt*

FRIEDHOF

Insider Tipp
Melaten **[102 B–C5]**
Die vor ihrem Tod Kranken, die Maladen, wurden früher außerhalb der Stadtmauern beerdigt, ebenso alle Nichtkatholiken. Seit 1810 ist Melaten Zentralfriedhof. Hier sind alle berühmten Kölner begraben, und viele prächtige Grabmonumente aus dem 19. Jh. stehen unter Denkmalschutz. *März tgl. 8–17 Uhr, April–Okt. tgl. 7–20 Uhr, Nov.–Feb. tgl. 8–17 Uhr, Aachener Str. 204, Bus 963 und U 1, 2: Melaten*

KIRCHEN

Der Kölner Schriftsteller Heinrich Böll (1917–1985) gab den zwölf romanischen Kirchen – sie stammen aus der wirtschaftlichen Blütezeit des Mittelalters – den Vorzug gegenüber dem gotischen Dom. Dieser war ihm zu groß, zu pathetisch geraten: »Die Kölner Redensart ›Der muss im Dom beichten gehen‹ drückt die gleiche, mit Schrecken gemischte Ehrfurcht aus, wie sie im Gefängnis die kleinen Betrüger, Diebe, Gelegenheitskriminelle dem großen Räuber entgegenbringen«.

Eine Überlieferung ist auch jüngeren Kölnern geläufig, weil sie immer wieder gern erzählt wird, als Beleg für den humanistisch-milden Charakter des rheinischen Katholi-

Ostermannbrunnen mit Alltagsgeschichten über »Et Billa« und »De Tant«

zismus: In seiner berühmten Silvesterpredigt 1945 erklärte Erzbischof Josef Kardinal Frings, wenn die britische Besatzungsmacht nicht in der Lage sei, die Kölner mit Heizmaterial zu versorgen, dann sei es eine lässliche Sünde, wenn die Bürger in höchster Not Kohlen stehlen. Die Kölner nannten den Kohlenklau fortan »fringsen«. Der Kardinal hatte zwar auch gesagt, man müsse den Schaden später wieder gutmachen, aber dieser Teil seiner Predigt geriet in Vergessenheit.

Antoniterkirche [101 D4]

Der 1384 geweihte gotische Bau wurde auf Geheiß Napoleons I. 1802 den Protestanten überlassen und ist die erste evangelische Kirche in Köln. Sehenswert ist in der nördlichen Seitennische der Schwebende Engel von Ernst Barlach zum Gedenken an die Toten beider Weltkriege. *Mo–Fr 11–19.30, Sa 11–17, So 9.30–19 Uhr, Schildergasse 57, Bahnen: Neumarkt*

Dom [101 E2]

★ Der heilige Petrus und die Jungfrau Maria sind die Patrone des Kölner Doms. Daher lautet der offizielle Name der Metropolitankirche des Erzbistums Köln: Hohe Domkirche St. Peter und Maria.

Die Legenden um St. Gereon und St. Ursula begründeten im frühen Mittelalter den Ruf des »heiligen Köln«. Die Stadt entwickelte sich zu einem bedeutsamen Pilgerzentrum. Die Geschäfte florierten, und 1164 gelangte ein besonders kostbares Heiligtum nach Köln: Die Gebeine der Heiligen Drei Könige. Bald darauf begann man mit der Anfertigung des Dreikönigsschreins. Das 2,2 m lange Meisterwerk der Goldschmiedekunst war 1225 vollendet. Für diesen prunkvollen Sarkophag bedurfte es natürlich einer angemessenen Kathedrale. 1248 legte man den Grundstein für eine neue, prächtige gotische Domkirche. In dieser steht der Dreikönigsschrein heute hinter dem Hochaltar.

Meister Gerhard war der erste Dombaumeister (bis 1271). Er hatte seine Ausbildung in nordfranzösischen Bauhütten und in Paris erhalten. So favorisierte er den hochgotischen Stil einer französischen Krönungskirche. Die Dombauhütte existiert heute noch. An der Südostseite der Kathedrale können Sie einen Blick in den Hof der Bildhauerwerkstatt werfen. Jahr für Jahr müssen die Mitarbeiter verwitterte Teile durch neue ersetzen. Der Chor enthält seit 1940 keinen einzigen mittelalterlichen Originalstein mehr!

»Der Dom wird nie fertig«, sagten die Kölner schon vor 400 Jahren. Denn im 16. Jh. waren die Bauarbeiten immer langsamer geworden, und 1560 stellte man sie schließlich ganz ein – wegen der Pest und des wirtschaftlichen Niedergangs der Stadt.

Ausgerechnet die protestantischen Preußen vollendeten den Dom dann 1880. Dafür gab es zwei Gründe: zum einen die Begeisterung der Romantiker für das Mittelalter. Zum anderen gebärdete sich die deutsche Politik des 19. Jhs. pathetisch-national. Die Zeitgenossen interpretierten den Dom als deutsches Kulturbollwerk. Bei ihrer Vollendung 1880 war die Kathedrale mit den 157 m hohen Türmen das höchste Bauwerk der Welt.

Die bunten Glasfenster sollten das Kircheninnere in ein mystisches Licht tauchen und so eine vergeistigte Atmosphäre schaffen. Daher lösten die Baumeister der Gotik die festen Wände in große Fensterflächen und in schlankes Maßwerk auf. Wenn Sie den Dom an einem sonnigen Tag besichtigen, tun Sie dies am Nachmittag, wenn die Sonnenstrahlen die herrliche Glasmalerei des Westfensters zum Leuchten bringen!

Die Gnadenmadonna vor dem Dreikönigenaltar im nördlichen Querschiff wird wegen der aufgenähten Votivgaben von dankbaren Gläubigen auch Schmuckmadonna genannt. Die hölzerne Kanzel am rechten hinteren Vierungspfeiler stammt von 1544. Sie ist die älteste erhaltene Kanzel in Köln.

Der Thronsitz des Erzbischofs steht in der Vierung. Für das Domkapitel sind die 104 Sitze des geschnitzten Chorgestühls reserviert. Im Mittelalter hatten bei ihren Köln-Besuchen auch der Kaiser und der Papst hier im Chor ihren Platz.

An der Nordseite des Chorumgangs fällt das Gero-Kreuz (um 976) ins Auge. Es ist eine der ältesten erhaltenen Großplastiken des Mittelalters. Am Ende des Chorumgangs steht der Altar der Stadtpatrone (1445). Der Maler Stefan Lochner hatte dieses Werk für die Ratskapelle der weltlichen Stadtoberen geschaffen. Die Stadtpatrone St. Ursula und St. Gereon sind auf den Seitenflügeln zu sehen. *Tgl. 6–19.30 Uhr, Führungen Mo–Sa 11, 12.30, 14, 15.30 Uhr, So 14 und 15.30 Uhr, Preis 4 Euro, Führungen durch die Ausgrabungen Di, Do 16.15 Uhr, Sa 10.15 Uhr, Preis 6,20 Euro (begrenzte Teilnehmerzahl, Anmeldung Tel. 92 58 47 30), Multivision im Cinema-Domforum gegenüber Westportal Mo–Sa 12, 13.30, 15 und 16.30 Uhr, So 15 und 16.30 Uhr, Mo–Sa 11.30 und 15.30 Uhr sowie So 15.30 Uhr auf Englisch, Bahnen und Busse: Dom/Hbf.*

Groß St. Martin **[101 E–F3]**

Im 2. Jh. befanden sich hier römische Speicherhallen. Auf ihren Fundamenten wurde eine Basilika errichtet.

Domschatzkammer

Eine Prunkmonstranz dokumentiert Kirchen- und Kriminalgeschichte

Diebe brachen 1975 in die Domschatzkammer ein und stahlen wertvolle Kultgegenstände. Eine Milieugröße namens Heinrich Schäfer gab die Parole aus: »Den Dom auszurauben ist eines Kölner Ganoven unwürdig«. Schäfers Wort hatte in der Halb- und Unterwelt großes Gewicht, und so arbeiteten alle Gauner der Stadt mit der Polizei zusammen, bis die Diebe (tatsächlich drei Nicht-Kölner) überführt waren. In der Domschatzkammer können Sie mehr als 200 Ausstellungsstücke bewundern, u. a. eine frühbarocke Prunkmonstranz (1658). Sie musste nach dem Diebstahl von 1975 in jahrelanger Kleinarbeit restauriert werden. Die Diebe hatten nämlich versucht, das Gold einzuschmelzen.
Anbau an der Dom-Nordseite, tgl. 10–18 Uhr, Eintritt 4 Euro

Blick in die beeindruckende Kuppel von St. Gereon

Nach einem Brand entstand der 1172 geweihte Bau. Der Turm wurde 1200 vollendet und war bis zur Fertigstellung des Doms das Wahrzeichen der Stadt. *Öffnungszeiten auf Anfrage, Tel. 16 42 56 50 (Prälat Dr. Fritzen), Martinspförtchen 8, Bahnen und Busse: Dom/Hbf.*

St. Andreas **[101 D2]**
Spätromanisch-staufischer Bau (um 1200). Der gotische Chor wurde 1492 vollendet. In der Krypta liegt der Naturwissenschaftler Albertus Magnus begraben. *Mo–Fr 7–19.30 Uhr, Sa, So 8–19.30 Uhr, Komödienstr. 4–8, Bahnen und Busse: Dom/Hbf.*

St. Aposteln **[100 B4]**
Das Bauwerk der Hochromanik (um 1030) mit seinem 66 m hohen Turm gilt als künstlerisch besonders ausgereift. *Mo–Sa 7.30–19 Uhr, So 9–18 Uhr, Neumarkt 30, Bahnen und Busse: Neumarkt*

St. Cäcilien **[100–101 C–D4]**
Als romanische Kirche um 1130 bis 1160 erbaut; heute Sitz des Schnütgen-Museums mit sakraler Kunst. Besonders sehenswert ist das Original des Georg-Kruzifixes. *Di–Fr 10 bis 17 Uhr, Sa, So 11–17 Uhr, Eintritt: 3,20 Euro, Cäcilienstr. 29, Busse und Bahnen: Neumarkt*

St. Georg **[101 E5]**
St. Georg (11. Jh.) ist die einzige erhaltene romanische Säulenbasilika im Rheinland. Neben einer Nachbildung des Georg-Kruzifixes ist das Gabelkruzifix aus dem 14. Jh. sehenswert. *Tgl. 8–18 Uhr, Georgsplatz 17, U 3, 4: Severinstraße*

St. Gereon **[100 B1]** Insider Tipp
Der römische Hauptmann Gereon war Anführer der thebäischen Legionäre, die vermeintlich an dieser Stelle den Märtyrertod erlitten und begraben wurden. Gereon ist einer der Kölner Stadtpatrone. In mehreren

Entspannen & Genießen

Floaten wie im Toten Meer

Salzwasser trägt. Diesen Umstand macht man sich im *Samudra-Center* zunutze. Sie legen sich in einen schallisolierten Tank und schweben wie im Toten Meer in Salzwasser, das auf Körpertemperatur erwärmt wurde. Dazu wählen Sie Musik nach Ihrem Geschmack aus, entscheiden sich für Licht oder Dunkelheit. Bei diesem Schweben in völliger Abgeschiedenheit lösen sich Stress und Verspannungen auf. *Mo–So 10–22 Uhr, Voranmeldung erforderlich, 45 Min. Floaten 45 Euro, Brabanter Str. 4* **[100 A3]**, *Tel. 250 99 49, Bahnen und Busse: Rudolfplatz*

Bauphasen entstand die romanische Kirche bis 1191. Taufkapelle und südlicher Sakristeiflügel stammen aus dem 13./14. Jh. Im Innern des Mittelbaus, der einen zehneckigen Grundriss hat, reicht das Mauerwerk aus römischer Zeit 16 m hoch. Sehenswert ist das Fußbodenmosaik mit Szenen aus dem Leben Davids und Samsons. *Mo–So 10–12 und 15–17 Uhr, Gereonsdriesch 4, U-Bahnen: Christophstr./Mediapark*

St. Kunibert **[104 B4]**
Kunibert war um 640/48 Bischof in Köln. Die 1247 geweihte Kirche ist der letzte, zugleich aber auch stilistisch am einheitlichsten geratene staufische Bau in Köln. *Mo–Sa 10–13 und 15–18 Uhr, So 8.30–12 und 15–18 Uhr, Kunibertsklostergasse 2, Bahnen und Busse: Breslauer Platz*

St. Maria im Kapitol **[101 E4]**
★ Nach dem Vorbild der Geburtskirche in Bethlehem auf den Ruinen des römischen Kapitoltempels erbaut und 1065 geweiht: Wegen des Dreikonchenchors in Kleeblattform und wegen der Mischung aus Zentralbau und Langhausbasilika gilt dieser salische Bau als einzigartig. Als Kuriosum finden Sie hier vier Rippen eines Wales, im Volksmund »Zint Mergens Ripp« (St. Marias Rippen) genannt. Sie stammen aus dem Pleistozän. Mehrfach schwammen in früheren Zeiten Wale den Rhein bis nach Köln hinauf – zuletzt erst 1966. *Mo–Sa 9–18 Uhr, So 12–16.30 Uhr, Marienplatz 19, Eingang Kasinostr., Bahnen und Busse: Heumarkt*

St. Maria Lyskirchen **[101 F5]**
Die über 2 m hohe Holzfigur der Schiffermadonna (um 1420) verrät: Zu der um 1220 entstandenen Pfarrkirche am Rheinufer hatten die Schiffer eine enge religiöse Beziehung. Die wunderschönen Gewölbe- und Wandmalereien zeigen als zentrales Bild die Anbetung der Könige, des weiteren biblische Szenen von Isaaks Verheißung bis zum Pfingstwunder. *Mo–Sa 10–18, So 10–17 Uhr, An Lyskirchen 12, Bahnen und Busse: Heumarkt*

St. Pantaleon **[100 C6]**
Die Grabkirche von Erzbischof Bruno und Kaiserin Theophanu ist die

älteste romanische Kirche in Köln (vermutlich vor 1002). Um 1152 erweiterte man die ottonische Saalkirche zu einer dreischiffigen Basilika. Besonders markant ist das dreitürmige Westwerk. *Tgl. 8.15–18 Uhr, Am Pantaleonsberg 12, U-Bahnen: Poststr. oder Barbarossaplatz*

St. Severin **[108 A2]**
An der Fernstraße nach Bonn ist ein heidnisch-christliches Gräberfeld vom 1. bis 4. Jh. nachweisbar. Bischof Severin wird der Bau einer ersten Kirche im 4. Jh. zugeschrieben. Der 948 vollendete Nachfolgebau ist in gotischer Zeit (14./15. Jh.) umgestaltet worden. *Mo–Sa 9–18 Uhr, So 9–12 und 15–17.30 Uhr, Führungen Fr 16.30 Uhr, Im Ferkulum 29, Bahnen und Busse: Chlodwigplatz*

St. Ursula **[103 F4]**
★ Das Kölner Wappen zeigt neben den drei Kronen der Hl. Könige elf schwarze Flammen: Sie stehen für die britische Königstochter Ursula und ihr Gefolge von elftausend Jungfrauen. Der Legende nach sind sie von den Hunnen hingemetzelt worden, als diese die Stadt belagerten. Die Gebeine der hl. Ursula und andere Reliquien werden in der Goldenen Kammer aufbewahrt: Nirgendwo sonst in Köln zeigt sich der mittelalterliche Reliquienkult eindringlicher! *Mo–Sa 10–12 und 15 bis 17 Uhr, So 14–17 Uhr, Führungen durch die Goldene Kammer nach Vereinbarung, Tel. 13 34 00, Ursulaplatz 24, Bahnen und Busse: Dom/Hbf.*

PARKS & GÄRTEN

Botanischer Garten/Flora **[104 B–C 1–2]**
Die Gartenarchitektur zeigt ein Nebeneinander einheimischer und exotischer Pflanzen. Ballhaus Flora, Wasserkaskade und Fontänenanlage lassen Sie vor einer neobarocken

Botanischer Garten/Flora: Pflanzen aus allen Vegetationszonen

Parkkulisse des 19. Jhs. lustwandeln. *Amsterdamer Str. 34, Bus 134 und U 15, 16: Zoo/Flora*

Rheingarten **[101 E–F 2–3]**
★ Kinder plantschen gern im Wasserspiel des Bildhauers Eduardo Paolozzi (1984), und auf der Promenade bringt ein Klavierspieler an einem Flügel auf Rollen Klassik zu Gehör: Zwischen Hohenzollern- und Deutzer Brücke herrscht immer freundlich-heitere Atmosphäre. *Frankenwerft, Bahnen und Busse: Dom/Hbf. oder Heumarkt*

Rheinpark **[104 C3–4]**
Zur Bundesgartenschau 1957 hatte man das Gelände in seiner heutigen Form gestaltet: mit Tanzbrunnen und Kleinbahn für Kinder. An der Zoobrücke liegen die Claudius-Thermen mit 30 Grad heißem Heilwasser. Nach einem entspannenden Bad können Sie mit der Seilbahn zum Zoo auf der anderen Rheinseite fahren. Die *Rheinterrassen* und der *Cologne Beach Club km 689* locken mit ihrem Blick auf den Dom und St. Kunibert. *Seilbahn April bis Okt. tgl. 10–17.45 Uhr, 3,80 Euro, Busse und Bahnen: Deutz/Messe*

Insider Tipp

Skulpturenpark **[104 B–C2]**
★ Auf Initiative des Sammlerehepaars Eleonore und Michael Stoffel sind im Park an der Zoobrücke 30 Skulpturen zeitgenössischer Künstler aufgestellt worden (u. a. Markus Lüpertz, Martin Kippenberger, Tony Cragg). Alle zwei Jahre wird das Ensemble neu geordnet. *Tgl. ab 10.30 Uhr, März, April bis 18.30 Uhr, Mai–Aug. bis 19 Uhr, Sept., Okt. bis 18 Uhr, Nov.–Feb. bis 16.30 Uhr, Eintritt frei, Riehler Str., Nähe Zoobrücke, U 15, 16: Zoo/Flora*

Zoologischer Garten **[104 C1–2]**
★ Hier tummeln sich 7000 Tiere. Die Löwen und Leoparden haben ein großes Freigehege, die Paviane einen Kletterfelsen. Das Elefantenhaus (1863) ist einem indischen Tempel nachempfunden, und das Kleinaffenhaus sieht aus wie eine russische Kirche (1899). Modern konzipiert sind das Urwaldhaus für Menschenaffen und das Regenwaldhaus. Eine weitere Attraktion: das neue Gehege für die indischen Elefanten. *Sommer tgl. 9–18 Uhr, Winter tgl. 9–17 Uhr, Aquarium 9–18 Uhr, Eintritt 12 Euro, Riehler Str. 173, Bus 135, U 15, 16: Zoo/Flora*

Insider Tipp

PLÄTZE & STRASSEN

Alter Markt **[101 E3]**
»Die Hüsjer bunt om Alder Maat sin Zeugen kölscher Eijenaat« (Die Häuschen bunt am Alter Markt sind Zeugen kölscher Eigenart), heißt es in einem Karnevalsschlager. Das stimmt nicht so ganz, denn bei Kriegsende 1945 war nur noch die Apotheke übrig geblieben. Lassen Sie von einer der Caféterrassen Ihre Blicke schweifen: auf den Jan-von-Werth-Brunnen, den Rathausturm oder nach oben unter die Dachrinne von Haus Nr. 24 auf das nackte Gesäß des Kallendressers. Keine Angst: Der Kabarettist Jürgen Becker lobt den Kallendresser, er sei stets bemüht, bei Verrichtung seiner Notdurft die Teller der Touristen zu verschonen. Bis 2010 müssen Sie mit Behinderungen durch den U-Bahn-Bau rechnen. *Bahnen und Busse: Dom/Hbf. oder Heumarkt*

Domplatte/Roncalliplatz **[101 E2]**
Fast jeder Tourist quert die Domplatte automatisch. Zum Teil

handelt es sich um eine architektonisch missglückte Betonwüste, doch der Roncalliplatz an der Südseite der Kathedrale ist ein urbankommunikativer Treff. Pantomimen, Pflastermaler, Straßenmusiker und Kölns stadtbekannter Berufsdemonstrant Walter Hermann mit seinen Protestplakaten üben sich in friedlicher Koexistenz. *An der West- und Südseite des Doms, Busse und Bahnen: Dom/Hbf.*

Ehrenstraße **[100 A–B3]**
Kölns Boutiquenmeile – hier können Sie stundenlang zwischen Tattooläden, HipHop-Boutiquen, schicken italienischen Schuhen, Secondhandkleidern, Lederwaren und Büchern herumstöbern, zwischendurch im Szenecafé *Spitz* oder im *4 Cani della Città* verschnaufen. Letzteres residiert in einem Haus, dessen höchst eigenwillige dekonstruktivistisch gekippte Dachform der Kölner Stararchitekt Hartmut Gruhl entworfen hat. *Bahnen und Busse: Neumarkt/Rudolfplatz/Friesenplatz*

Fischmarkt/Stapelhaus **[101 F3]**
★ Rings um den Fischbrunnen lässt man in den Biergärten die Seele baumeln und den Blick auf Groß St. Martin und das Stapelhaus schweifen. Im Mittelalter mussten alle Handelsschiffe drei Tage lang vor Köln ankern und die von ihnen transportierten Waren in dieser Zeit im Stapelhaus angeboten werden. Damit kontrollierten die Kölner Kaufleute den Rheinhandel und sicherten sich so manches Monopol. *Bahnen und Busse: Heumarkt*

Ring **[104 B3–108 B2]**
Nach dem Abriss der mittelalterlichen Stadtbefestigung legte man nach dem Vorbild der Wiener Ringstraße diesen Boulevard an, der halbkreisförmig die Innenstadt umschließt. Eine beliebte Flanierstrecke u. a. mit zahlreichen Cafés und Bistros ist der Abschnitt zwischen Rudolfplatz und Gereonshof. *U 6, 15, 17, 19: Friesen- oder Rudolfplatz*

STADTVIERTEL

Belgisches Viertel **[103 D5]**
Als Neustadtviertel jenseits der Ringe ab 1890/1900 bebaut. Seit den 1980er-Jahren Galerien- und Szenekneipenviertel. Heute konzentriert sich das Szenegeschehen hauptsächlich auf die Aachener Str. *Bahnen und Busse: Friesenplatz oder Rudolfplatz*

Richtig fit!

Joggen am Rhein

Im Zentrum und doch an der frischen Luft: Nördlich der Einmündung Machabäer Straße **[104 B4]** nimmt die Zahl der Spaziergänger auf der Rheinpromenade ab. Ungestört können Sie ca. 4 km bis zur Mülheimer Brücke joggen, vorbei an der Bastei und unter der Zoobrücke hindurch. Dabei haben Sie einen schönen Blick auf den Fluss und den Rheinpark am anderen Ufer.

Ehrenfeld [102 A–C 2–5]
Nicht zuletzt durch die Nähe zum Mediapark und den Ossendorfer »Coloneum«-Studios hat sich die Vorstadt im Nordwesten zum Szeneviertel entwickelt, das von Journalisten, Webdesignern, Musikern und Künstlern geprägt wird. Clubs wie *Artheater (S. 72)* und *Underground (S. 73)* bedienen die Geschmäcker von Rock bis HipHop. Die zahlreichen italienischen, türkischen und griechischen Läden und Cafés sorgen für multikulturelles Flair. *U 3, 4, 13: Venloer Straße/Gürtel*

Insider Tipp **Eigelsteinviertel/ Weidengasse** [104 A3–4]
Kölsch und Kebap. Bummeln Sie mal über die Weidengasse mit ihrem exotischen Nebeneinander skurriler Trödelläden, exotischer Gemüsegeschäfte und Lammmetzgereien. Die orientalische Gastronomie präsentiert sich hier in allen Facetten vom Gourmetlokal bis zum Imbiss. *Bahnen und Busse: Breslauer Platz oder Ebertplatz*

Friesenviertel [100 A–B2]
Zwischen 1945 und 1953 entstanden die repräsentativen Bauten des Gerling-Konzerns. Wo einen Block weiter auf der Friesenstraße bis in die 1980er-Jahre das Rotlichtmilieu dominierte, finden Sie heute fast nur noch schicke Cocktailbars, Szenebistros und Sushiimbisse. Am Wochenende amüsiert man sich in dichtem Gedränge auch mitten auf der Straße. *Bahnen und Busse: Friesenplatz*

Severinsviertel/ Südstadt [108 A–B 2–3]
Hier ist Kölschrocker Wolfgang Niedecken zu Hause und der von ihm besungene »Müsli-Män«. Grün-alternative Akademiker und in die Jahre gekommene Ex-Hausbesetzer, Fachhochschulstudenten, Künstler, Dichter, alteingesessene kölsche Arbeiterfamilien und türkische Gemüsehändler prägen das Stadtbild. Die Kneipe *Früh em Veedel* direkt am Severinstor heißt im Volksmund Invalidendom, seit sich hier nach dem Ersten Weltkrieg die Kriegsveteranen trafen. *Bahnen und Busse: Chlodwigplatz*

ZIELE IN DER UMGEBUNG

Bergischer Dom Altenberg [111 D2]
Schon seit dem 18. Jh. nutzen Katholiken und Protestanten den Altenberger Dom, nicht zu ökumenischen Gottesdiensten, sondern abwechselnd. Zisterziensermönche errichteten die gotische Kirche 1255 bis 1379. Nach einem Brand im 18. Jh. ist sie neu aufgebaut worden. Sehenswert sind die Glasmalereien an der Westfassade. *Tgl. 8 bis 18.30 Uhr, im Winter bis Einbruch der Dunkelheit, Führungen Sa 11 und So 13 und 15.30 Uhr; Audioführung im Treffpunkt Altenberg tgl. 10–17 Uhr, www.altenberger-dom.de, Anfahrt ab Wiener Platz Bus 434 oder S 11: Bergisch Gladbach und dann Bus 430; mit dem Auto B 51 Berliner Str., Odenthaler Str., Schildgen-Odenthal-Altenberg*

Max-Ernst-Museum Brühl [110 C3]
In Sichtweite zu Schloss Augustusburg liegt das klassizistische *Benediktusheim*. Seit September 2005 beherbergt es ein Museum mit einer umfangreichen Sammlung an Druckgrafik und Skulpturen des aus

Das prunkvolle Treppenhaus im Schloss Augustusburg

Brühl stammenden Surrealisten Max Ernst (1891–1976). *Öffnungszeiten und Eintrittspreise: www.maxernstmuseum.de, Comesstr. 42, U 18: Brühl-Mitte*

Phantasialand Brühl **[110 C3]**
Während Ihre Kinder die Geheimnisse von *Wuze Town* erkunden, entspannen Sie sich in *Heinos Kaffeehaus*. Und nach einer Fahrt auf der Wildwasserrutsche bummeln Sie durch Alt-Berlin. Der Funpark zählt zu den größten und besten in Europa; jedes Jahr gibt es neue Attraktionen. *Berggeiststr. 31–41, Brühl, Infos 02232/362 00 www.phantasialand.de, April–Okt. tgl. 9–18 Uhr, Kassenschluss 16 Uhr, Tageskarte 26,50 Euro, U 18, dann Bus, mit dem Auto BAB 553, Ausfahrt Brühl-Süd, Ausschilderung folgen*

Schloss Augustusburg **[110 C3]**
Kurfürst Clemens August mangelte es nicht an Selbstbewusstsein. Was sich der französische König Louis XIV. an prachtvoller Architektur leistete, empfand auch der rheinische Territorialfürst für sich als standesgemäß. So ließ er seine alte Wasserburg in ein prunkvolles Lustschloss nach französischem Vorbild umbauen. Als kunsthistorisches Highlight gilt die Barocktreppe von Balthasar Neumann.

Nach etwa 30 Minuten Fußweg durch eine idyllisch-romantische Lindenallee erreichen Sie das Jagdschlösschen Falkenlust, wo der Kurfürst sich heimlich mit seinen Gespielinnen traf. *Schlossstr. 6, Brühl, Tel. 02232/440 00, Feb.–Nov. Di bis Fr 9–12 und 13.30–16 Uhr, Sa, So 10–17 Uhr, Eintritt 4 Euro; Schloss Falkenlust Feb.–Nov. Di bis So 9–12 und 14–16 Uhr, Eintritt 3 Euro, DB: Brühl-Bahnhof oder U 18: Brühl-Mitte und 10 Min. Fußweg; mit dem Auto B 51 Brühler Str./ Brühler Landstr., in Brühl Ausschilderung »Parkplätze« folgen*

Sakrales, Picasso und Pop-Art

Großzügige Sammler haben Kölns Ruf als Museumsmetropole begründet

Berlin und München verdanken ihre Museen den Königen des 19. Jhs. In Köln waren es immer kunstsinnige Bürger, die Sammlungen zusammentrugen und der Öffentlichkeit stifteten. Möglicherweise hat das Bedürfnis nach Bildern etwas mit der rheinisch-katholischen Tradition zu tun, religiöse Inhalte über eine sinnliche Anschauung zu vermitteln.

Köln war immer schon eine Stadt der Künste, auch wenn die Preußen im 19. Jh. eine Kunstakademie lieber in Düsseldorf ansiedelten. Aber dafür hat Köln seit den 1990er-Jahren eine Kunsthochschule für Medien. An dieser Hochschule werden Konzepte für Solar-, Netz-, Computerkunst und Mixed Media entwickelt.

Der Kanonikus Ferdinand Franz Wallraf (1748–1824), ein Universalgelehrter, rettete so manches an Kirchenschätzen, was in der Zeit der napoleonischen Säkularisierung sonst vernichtet worden wäre. Seine 60 000 Einzelstücke umfassende Sammlung von Bildern, Grafiken, Zeichnungen, Skulpturen und Büchern vermachte er der Stadt.

Gemälde und Skulptur von Pablo Picasso im Museum Ludwig

Drehbrücke über den Hafen und Imhoff-Stollwerck-Museum

1861 stiftete der Kaufmann Johann Heinrich Richartz dafür ein Museumsgebäude. Diese Bestände des Wallraf-Richartz-Museums bilden seitdem den Grundstock der städtischen Sammlungen.

Was der Domkapitular Alexander Schnütgen um die Wende zum 20. Jh. an Sakralkunst sammelte, ist zusammen mit späteren Erwerbungen im Schnütgen-Museum zu sehen. Die Expressionistensammlung des Rechtsanwalts Josef Haubrich begründet die moderne Abteilung. Hinzu kamen andere Stiftungen und Schenkungen an klassischer Moderne und an abstrakter Kunst.

Ende der 1960er-Jahre setzte die Sammlung von Irene und Peter Ludwig einen weiteren Glanzpunkt in der Museumslandschaft. Als Gegenleistung für die Überlassung der Sammlung errichtete die Stadt ein neues Museumsgebäude, das den Namen der Stifter trägt.

Das Wallraf-Richartz-Museum – Fondation Corboud mit der älteren Kunst bis 1900 hat seit 2001 einen eigenen Neubau am Gürzenich; die oberste Etage nimmt die Impressionistensammlung des Ehepaares Marisol und Gérard J. Corboud ein.

Der Ausbau der Museumslandschaft und das Engagement liberaler Sammlerkreise begünstigte die Entstehung einer höchst lebendigen Kunstszene. Sie verhalf Köln zum Ruf eines Kunstzentrums von Weltgeltung. In Köln leben auch heute noch rund 1000 professionelle bildende Künstler, und etwa 90 Galerien zeigen zeitgenössische Kunst. Der Kunsthandel macht im Rheinland immer noch die besten Geschäfte, obwohl in den letzten Jahren viele Künstler und Galerien nach Berlin abgewandert sind.

Alle Museen sind montags geschlossen, außerdem am 24. und 25. Dezember, Silvester, Neujahr sowie an den Karnevalstagen. Sonst gelten an Feiertagen die Sonntagsöffnungszeiten. Führungen für Gruppen und Schulklassen: Anmeldung beim *Museumsdienst Köln (Richartzstr. 2–4, Tel. 0221/22 12 73 80 oder 22 12 34 68, Fax 22 12 45 44, www.museenkoeln.de.*

Insider Tipp **Artothek** **[101 E2]**

Die Sammlung mit Werken zeitgenössischer Kölner Künstler ist dem Kölnischen Stadtmuseum zugeordnet. Pro Jahr werden sechs bis sieben Wechselausstellungen zumeist junger Künstler gezeigt. *Mo–Do 13 bis 19 Uhr, Fr 10–17 Uhr, Eintritt frei, Am Hof 50, Bahnen und Busse: Dom/Hbf.*

Brauerei-Museum **[108 B4]**

So wurde Kölsch um 1900 gebraut: Die historische Braustätte der Dom-Brauerei ist noch funktionstüchtig, würde allerdings nicht die heutigen behördlichen Auflagen erfüllen. *Voranmeldung, Tel. 398 97 57, info @dombrauereimuseum.de, Gruppenführungen bis 15 Personen für 1 Std. 100 Euro, jede weitere Person 5,50 Euro, mit Verköstigung, Altebürger Str. 155, Busse 132, 133: Bonntor, U 6: Koblenzer Str.*

Deutsches Sport- und Olympiamuseum **[101 F5]**

★ Ein Muss für alle Sportfans! Zu den Exponaten gehören das Racket, das Boris Becker in Melbourne zertrümmerte, eine Skimontur von Rosi Mittermaier, ein Helm von Ralf und die Schuhe von Bruder Michael Schumacher. Junges Publikum wollen die Macher durch interaktive Angebote ansprechen: Im Boxring können Sie auf den Sandsack eindreschen, im Windkanal mit dem Fahrrad trainieren oder an der originalen ZDF-Torwand so lange Elfmeterschießen üben, bis Sie besser sind als es Franz Beckenbauer einst war. Wenn Ihnen das nicht genügt: Auf dem Dach befindet sich Kölns höchstgelegener Fußballplatz, und ein paar Mitspieler finden Sie unter den Besuchern bestimmt. *Di–Fr 10–18 Uhr, Sa, So 11–19 Uhr, Eintritt 5 Euro, Führungen für Gruppen (Tel. 33 60 90), Rheinauhafen 1, U 1, 2, 7, 9: Heumarkt, U 3, 4: Severinstraße*

Deutsches Tanzmuseum Köln **[103 E3]**

Im weltweit ersten Tanzmuseum dokumentieren Plakate, Stiche und Fotos die Geschichte des Bühnentanzes und v. a. den Ausdruckstanz im 20. Jh. *Do–Di 14–19 Uhr, Mo Eintritt frei, sonst 4,50 Euro, Im Mediapark 7, U 6, 15, 17, 19: Christophstr./Mediapark*

Geldgeschichtliches Museum **[100 B3]**
In den Räumen der Kreissparkasse befindet sich eine Sammlung alter Münzen, Scheine, Spardosen, Tresore etc. *Mo–Fr 9–18.30 Uhr, Sa 10–14 Uhr, Neumarkt 18–24, Bahnen und Busse: Neumarkt*

GeoMuseum **[107 D2]**
Das Museum des Universitätsinstituts für Mineralogie und Geochemie präsentiert Meteoriten, Achate und Edelsteine. *Mi 14–12 Uhr, Jan.–Nov. auch an jedem letzten So im Monat 14–17 Uhr, Eintritt frei, Zülpicher Str. 49 a, U 8, 9: Universität oder Dasselstr./Bf. Süd, U 18, 19: Eifelwall*

Imhoff-Stollwerck-Museum (Schokoladenmuseum) **[101 F5]**
★ Hier dreht sich alles um die Schokolade. Sie schlendern durch ein Tropenhaus mit Kakaobäumen. Anschließend sehen Sie nicht nur, wie aus Rohkakao Schokolade hergestellt wird, sondern können das fertige Produkt auch an einem Schokoladenbrunnen kosten. Das Café bietet einen herrlichen Panoramablick auf die architektonische Schokoladenseite von Köln, und im Museumsshop gibt's Pralinen und andere Leckereien. *Di–Fr 10–18 Uhr, Sa, So 11–19 Uhr, Ein-*

MARCO POLO Highlights »Museen«

★ **Römisch-Germanisches Museum**
Streifzug durch den Alltag im antiken Köln (Seite 42)

★ **Museum Ludwig**
Pop-Art und andere Kunst der Moderne (Seite 41)

★ **Museum für Angewandte Kunst**
Möbel und Mode: Objekte zur Geschichte von Design und Kunsthandwerk (Seite 40)

★ **Imhoff-Stollwerk-Museum**
Alles über Entstehung und Kultur der Schokolade (Seite 37)

★ **Deutsches Sport- und Olympiamuseum**
Erinnerungsstücke von Sportstars (Seite 36)

★ **Wallraf-Richartz-Museum – Fondation Carboud**
Kunst vom Mittelalter bis zum Impressionismus (Seite 43)

★ **Museum für Ostasiatische Kunst**
Buddha-Figuren und Grafiken aus Asien (Seite 40)

★ **Photografische Sammlung der SK Stiftung Kultur**
Highlights der Fotokunst (Seite 42)

tritt 6 Euro, Rheinauhafen 1 a, U 1, 2, 7, 9: Heumarkt, U 3, 4: Severinstraße

Käthe-Kollwitz-Museum [100 B3]
Die Kreissparkasse in der Neumarkt-Passage unterhält im vierten Stock ein Museum mit Skulpturen, Druckgrafik, Plakaten und 150 Handzeichnungen der expressionistischen Künstlerin Käthe Kollwitz. *Di–Fr 10–18 Uhr, Sa, So 11–18 Uhr, Führung So 15 Uhr, Eintritt 3 Euro, Neumarkt 18–24, Busse und Bahnen: Neumarkt*

Kölnischer Kunstverein [100 B4]
Mit dem Gründungsdatum 1839 und 2500 Mitgliedern ist der Kölnische Kunstverein einer der ältesten und größten Vereine zur Förderung zeitgenössischer Kunst. Regelmäßige Wechselausstellungen mit jungen Künstlern und begleitenden Filmprogrammen. *Di–So 11–17 Uhr, Eintritt variiert, Hahnenstr. 6 (ehem. British Council), Infos Tel. 21 70 21, Bahnen und Busse: Neumarkt*

Kölnisches Stadtmuseum [100 C2]
Das Zeughaus mit seinen Treppengiebeln war seit 1600 Rüstungs- und Waffenarsenal der freien Reichsstadt. Heute ist hier das Kölnische Stadtmuseum untergebracht. Im Erdgeschoss wird die politische Geschichte der Stadt vom Mittelalter bis 1950/60 dokumentiert. Der Rundgang beginnt mit dem Stichwort Köln. Dazu gehören natürlich Karneval und Kölnisch Wasser, aber auch eine originale Ford-Limousine von 1936 »Typ Köln«. Alltagsrelikte illustrieren die Zeit des Ersten Weltkriegs, der Weimarer Republik und der Nazidiktatur. Wie Köln 1561 aussah, zeigt ein großes Modell aus der Vogelperspektive von Arnold Mercator. Im

Verflucht

Max Ernst begann als Bürgerschreck

Dada-Vorfrühling« hieß eine Ausstellung 1920. Weil sie vom offiziellen Kunstbetrieb gemieden wurden, mieteten die Künstler Max Ernst (1891–1976) und Johannes Theodor Baargeld den Lichthof eines Brauhauses in der Schildergasse 27. Ihre Ausstellung dort war nur über die Herrentoilette zugänglich und auch sonst ungewöhnlich: Das Publikum durfte die Werke mit der Axt zerstören. Ein kleines Mädchen im Kommunionskleid sagte obszöne Gedichte auf. Die Polizei schritt ein; die Ausstellung wurde vorübergehend geschlossen. Vater Philipp Ernst schrieb aus dem nahen Brühl an seinen Sohn Max: »Ich verfluche dich!« 1927 war auch für den Kölner Erzbischof Kardinal Schulte das Maß voll. Er exkommunizierte Max Ernst – wegen des Bildes »Die Jungfrau Maria verhaut das Jesuskind vor drei Zeugen«. Dieses Bild können Sie heute im Museum Ludwig betrachten.

Ritterrüstungen im Kölnischen Stadtmuseum

Obergeschoss geht es um den kulturellen und wirtschaftlichen Hintergrund der Stadtentwicklung. Wenn Sie den Rundgang beendet und wieder das Foyer erreicht haben, schließt sich rechter Hand an das Museum die *Alte Wache* an (1840). Hier präsentiert die *Kölnische Galerie* Ausstellungen von Kölner Gegenwartskünstlern. *Di 10–20 Uhr, Mi–So 10–17 Uhr, Eintritt 4,20 Euro, Zeughausstr. 1–3, U-Bahnen: Appellhofplatz*

Insider Tipp

Kolumba Diözesanmuseum **[101 E2]**

Früher konzentrierte sich die Sammlung in erster Linie auf frühe christliche Kunst und sakrale Malerei, Plastik und Goldschmiedekunst des Mittelalters. Zu den wertvollsten Stücken zählt Stefan Lochners »Madonna mit dem Veilchen«. Seit 1990 hat das Museum auch eine Sammlung zeitgenössischer Kunst aufgebaut. Zum Bestand gehören Werke u. a. von Joseph Beuys, Eduardo Chillida, Otto Dix, Salvador Dalí, Keith Haring, Andy Warhol. Die Wechselausstellungen konfrontieren Werke der zeitgenössischen Kunst mit dem klassischen Bestand. 2006 bezieht das Museum einen Neubau an St. Kolumba *(Kolumbastr.,* **[101 D3]***)*, errichtet von Architekt Peter Zumthor auf einem Ruinenfeld des Zweiten Weltkriegs. *Fr–Mi 11–18 Uhr, Eintritt frei, Führungen bis max. 25 Pers. nach Vereinbarung, Tel. 257 76 72, www.kolumba.de, Roncalliplatz 2, Bahnen und Busse: Dom/Hbf.*

Kunststation St. Peter **[100–101 C–D4]**

Insider Tipp

Peter Paul Rubens wohnte gleich nebenan in der Sternengasse. Von ihm ist hier »Die Kreuzigung Petri« zu bewundern. Außerdem lädt Pater Mennekes regelmäßig Gegenwartskünstler zu plastischen Installationen im Innenraum und im Kirchhof ein. *Di–Sa 11–17 Uhr, So 13–17 Uhr, Eintritt frei, Jabachstr. 1, Bahnen und Busse: Neumarkt*

Museum des Karnevals **[102 A4]**
Im Juni 2005 wurde Deutschlands größtes Museum für närrisches Brauchtum eröffnet. Auf 1400 m^2 wird die Geschichte des Jeckentreibens von der Antike bis heute ausgebreitet. Zu den ältesten und wertvollsten Stücken gehört das original erhaltene Protokollbuch des Kölner Festkomitees aus dem Jahr 1827. *Di, Mi, Fr 10–16 Uhr, Do 10–20 Uhr, Sa/So 11–17 Uhr, Infos: Tel. 57 40 00, info@kk-museum.de, Eingang: Maarweg 134–136, U 1: Maarweg*

Museum für Angewandte Kunst **[101 D2]**
★ Kunsthandwerk und Design aus allen Epochen vom Mittelalter bis zur Gegenwart: Jugendstilporzellan, Hochzeitskleider aus den 1930er- und 40er-Jahren, Zinn und Fernsehapparate, Möbel und Plakate gehören zu dieser gut präsentierten Sammlung. *Di, Do–So 11–17 Uhr, Eintritt 4,20 Euro, Führungen Mi 18 Uhr, Sa, So 14.40 Uhr, An der Rechtschule, Busse und Bahnen: Dom/Hbf.*

Museum für Ostasiatische Kunst **[102 C6]**
★ Sie sollten sich in der Cafeteria auf die asiatische Kunst einstimmen: Von der Terrasse fällt der Blick auf die steinerne Skulptur »Kaze no hata« (Fahne im Wind) des japanischen Bildhauers Masayuki Nagare. Kunst aus China, Korea und Japan bildet den Sammlungsschwerpunkt dieses einzigartigen Museums. Die chinesische Sakralplastik ist durch einige bedeutende taoistische und buddhistische Steinskulpturen dokumentiert. Aus

Technodesign im Museum für Angewandte Kunst

dem 6. Jh. stammen die Reliefplatten in Form von Torbauten – sie markierten den Eingang zum Totenbett eines chinesischen Herrschers. Neben koreanischer Keramik fallen in den anderen Räumen vor allem japanische Priester- und Bodhisattva-Skulpturen aus Zypressenholz auf. Die Weltenwächterfigur aus der Han-Zeit (12. Jh.) zählt zu den ganz wenigen erhaltenen Figuren dieser Art. *Di–So 11–17 Uhr, Do 11–20 Uhr, Eintritt 4,20 Euro, Universitätsstr. 100, Busse 137, 961, 962, 963, 970 und U 1, 2: Universitätsstraße/Aachener Weiher*

Museum Ludwig **[101 E2]**

★ Peter Ludwig sammelte ebenso mittelalterliche Handschriften und präkolumbianische Kunst wie DDR-Malerei, und schließlich holte er auch Werke der russischen Avantgarde an den Rhein. In der Sowjetunion hatte man diese Kunst jahrzehntelang ignoriert, und im Westen kannten nur wenige Insider die Bilder der Suprematisten um Kasimir Malewitsch. In seinen letzten Lebensjahren spürte Peter Ludwig (er starb 1996) in China und auf Kuba Arbeiten auf, in denen sich die Idee einer Globalkunst manifestiert – Ausdruck eines zeitgleichen Lebensgefühls der jungen Künstlergeneration von Peking bis Havanna, von Köln bis New York.

Eine großzügige Picasso-Schenkung aus den 1990er-Jahren ergänzte seine Witwe Irene Ludwig 2001 durch die Überlassung weiterer Werke dieses Künstlers. Insgesamt verfügt das Museum Ludwig nun über 180 Originalwerke und 780 Grafiken aus allen Schaffensphasen von Pablo Picasso.

Das stetige Anwachsen der Sammlungen erforderte schließlich eine räumliche Aufteilung der Kunstbestände: Das Museum Ludwig am Dom zeigt nunmehr ausschließlich die Kunst des 20. und 21. Jhs.

Neben der Präsentation der ständigen Sammlung locken die beiden Projektsäle A/C und D/C mit aktuellen Wechselausstellungen von Künstlern der Gegenwart. Die Sammlung ist nicht nach Gattungen geordnet, sondern integriert z. B. auch die Fotografie.

Aus Pablo Picassos Schaffen über 70 Jahre sehen Sie Arbeiten, die für die jeweilige Werkphase typisch sind: Noch vor der »Blauen Periode« entstand 1901 das kleinformatige »Café am Montmartre«. Einen Höhepunkt der kubistischen Phase stellt die Abstraktion »Mädchen mit Mandoline« (1910) dar. 1917 brach Picasso mit dem Kubismus; aus der nun folgenden neoklassizistischen Periode stammt die »Frau im grünen Morgenrock« (1922). Das Konvolut der Bilder und Blätter reicht bis zum Spätwerk der 1960er-Jahre.

Oskar Kokoschka malte 1956 vom Messeturm aus eine Stadtansicht von Köln. Dieses Bild gehört zur expressionistischen Abteilung mit Gemälden von Ernst Ludwig Kirchner, Max Pechstein, Alexej Jawlensky und vor allem einigen sehr wichtigen Arbeiten von Max Beckmann. Zeichnungen und Aquarelle von Paul Klee sowie abstrakt-informelle Bilder von Ernst Wilhelm Nay runden die Beispiele aus der klassischen Moderne ab.

Um 1960 trat mit Fluxus und Pop-Art die nächste Künstlergeneration an. Neben den Nouveaux Réalistes Yves Klein, Arman und Daniel Spoerri dokumentieren vor allem Pop-Klassiker diese Epoche: Andy Warhol, Roy Lichtenstein, Jasper Johns, Mel Ramos, Robert Rauschenberg, James Rosenquist, Claes Oldenburg. Wenn Sie sich darüber wundern, dass eine Touristin die ganze Zeit reglos an derselben Stelle verharrt: Schauen Sie mal genau hin, und Sie stellen fest, dass es sich um eine hyperrealistische Skulptur von Duane Hanson handelt.

An russischer Kunst des 20. Jhs. reicht der Bogen von Kasimir Malewitschs Bild »Dynamischer Suprematismus« (1916) und Collagen von El Lissitzky von 1927 bis zu Beiträgen von Gegenwartskünstlern wie Ilya Kabakov und Vitali Komar/Alexander Melamed. Georg Baselitz, Jörg Immendorff und Markus Lüpertz repräsentieren die neoexpressive Malerei der 1980er-Jahre. Die Exponate des kubanischen Künstlers Kcho (geb. 1970) und seines aus China gebürtigen Kollegen Yan Pei Ming (geb. 1960) stehen für die aktuelle Kunst nach 1990. *Di–So 10–18 Uhr, Sa, So 11–18 Uhr, jeden 1. Fr im Monat bis 23 Uhr, Eintritt 7,50 Euro, Bischofsgartenstr. 1, Bahnen und Busse: Dom/Hbf.*

Photografische Sammlung der SK Stiftung Kultur [103 E3]

★ August Sander fotografierte um 1920/30 Menschen in ihrer sozialen Umgebung. Bernd und Hilla Becher wurden durch sachliche Industrieaufnahmen berühmt. Außerdem sehen Sie hier Arbeiten von Karl Blossfeldt und Albert Renger-Patzsch. Im Archiv ist die Sammlung der Deutschen Gesellschaft für Photographie mit 1700 Abzügen untergebracht. *Do–Di 14–19 Uhr, Eintritt 4,50 Euro, Kombiticket mit Tanzmuseum 6 Euro, Mo Eintritt frei, Im Mediapark 7, U 6, 15, 17, 19: Christophstr./Mediapark*

Rautenstrauch-Joest-Museum für Völkerkunde [108 B2]

Der Naturwissenschaftler und Weltreisende Wilhelm Joest (1852 bis 1897) hinterließ eine Sammlung von Ethnografica. Seine Schwester Adele schenkte diese Objekte der Stadt und stiftete nach dem Tod ihres Mannes Eugen Rautenstrauch auch das Kapital zum Bau des 1906 gegründeten Völkerkundemseums. Es ist das einzige Museum dieser Art in Nordrhein-Westfalen. Die Afrika-Abteilung umfasst 13 000 Skulpturen, Masken und Ritualobjekte. Ägyptiaca, Exponate aus dem pazifischen Raum, altindonesische Objekte und solche aus Altamerika bilden weitere Schwerpunkte. Eines der wertvollsten Objekte ist ein Federmantel aus Hawaii. *Di–Fr 10 bis 16 Uhr, Sa 11–16 Uhr, So 11–18 Uhr, Eintritt ca. 5 Euro, Führungen auf Anfrage, Tel. 336 94 13 (Einzelführungen), Tel. 22 12 34 68 (Gruppenführungen), Ubierring 45, Busse 132, 133: Chlodwigplatz, U 16: Ubierring*

Römisch-Germanisches Museum [101 E2]

★ Wie die alten Römer lebten, führte 1999 der Bundeskanzler seinen Staatsgästen vor: Die Runde der Staatspräsidenten durfte ausnahmsweise auf dem Dionysosmosaik tafeln, das aus dem Speisesaal einer römischen Villa des 4. Jhs. stammt. Sie stand genau an der Stelle des heutigen Museums. Ein anderes markantes Monument ist das Grabmal des Veteranen Poblicius (um 40 n. Chr.) im Treppenaufgang. Das Museum beherbergt die weltweit größte Sammlung römischer Prunkgläser, außerdem Schmuck und Relikte des römischen Alltags sowie aus fränkischer Zeit. *Di und Do–So 10–17 Uhr, Mi 10–20 Uhr, Eintritt 6 Euro, Führung So 11.30 Uhr, Roncalliplatz 4, Bahnen und Busse: Dom/Hbf.*

Schnütgen-Museum **[100–101 C–D4]**
Zu den Schlüsselwerken zählen der Heribertkamm und das frühromanische Holzkruzifix aus St. Georg. Die Sammlung an Kirchenkunst vom frühen Mittelalter bis zum 19. Jh. wird nach Abschluss der Renovierungsarbeiten am Ausstellungsgebäude St. Cäcilien neu geordnet. Neu ist schon der Name: *Museum Schnütgen – Kunst der Mittelalters,* aber die Kölner bleiben einfach beim allseits bekannten *Schütgen-Museum. Di–Fr 10–17 Uhr, Sa, So 11–17 Uhr, Eintritt 3,20 Euro, Cäcilienstr. 29, Bahnen und Busse: Neumarkt*

Theatermuseum **[0]**
Sammlung des Theaterwissenschaftlichen Instituts der Kölner Universität: Szenenentwürfe, Bühnenbilder, Vorhänge, Plakate, Fotos. *Besichtigung nur nach Voranmeldung, Tel. 02203/60 09 20, Schloss Wahn, S 12: Porz-Wahn*

Wallraf-Richartz-Museum – Fondation Corboud **[101 E3]**
★ Von Etage zu Etage geht es Epoche für Epoche voran, bis Sie im obersten Galeriegeschoss Malerei und Skulpturen des 18. und 19. Jhs. erreicht haben.

Die mittelalterliche Malerei aus Köln und die gotischen Werke aus anderen Kunstlandschaften bieten einen lückenlosen Überblick über die Entwicklung der Tafelmalerei von 1300 bis 1500.

Besonders an der niederländischen Kunst des 15./16. Jh. lässt sich studieren, wie die Darstellung religiöser Themen mehr und mehr um weltliche Motive angereichert wurde. Daraus entwickelten sich dann das Stillleben und das Genrebild als selbstständige Gattung – bis zu den Bildern von Willem Kalf mit blinkenden Gläsern und Schüsseln. Ein berühmtes Bild ist Rembrandts Selbstbildnis im Alter (um 1668).

Doch vor allem für die Abteilung des 19. Jhs. sollten Sie sich etwas Zeit nehmen. Die romantische Landschaftsmalerei mit Joseph Anton Koch und Caspar David Friedrich, im folgenden Kabinett die biedermeierliche Interieurmalerei mit Bildern von Ferdinand Georg Waldmüller und Carl Spitzweg und schließlich der Realismus eines Wilhelm Leibl und eines Gustave Courbet sind hier mit beispielhaften Werken dokumentiert. Es folgt die Epoche von Symbolismus, Impressionismus und Pointillismus: Edvard Munch, Camille Pissarro, Alfred Sisley, Claude Monet, Paul Signac, Auguste Renoir, Vincent van Gogh, Max Liebermann, Max Slevogt und Lovis Corinth. Bei Henri Matisse und Paul Gauguin sieht man schon erste Stilelemente, die auf die Entwicklung der expressionistischen Moderne hindeuten. *Di 10–20 Uhr, Mi–Fr 10–18 Uhr, Sa, So 11–18 Uhr, Eintritt 5,80 Euro, Führungen Mi 16.30, So 11.30 Uhr, Martinstr. 39, Bahnen und Busse: Dom/Hbf. oder Heumarkt*

Sauerbraten und Sushi

In Köln bewirtet man Sie mit der Küche aller Herren Länder

Deftige rheinische Hausfrauenküche serviert man Ihnen in den typisch kölschen Brauhäusern. Wann der berühmte *Halve Hahn* erfunden wurde, ist sogar auf den Tag genau überliefert. Ein gewisser Wilhelm Vierkötter hatte sich am 18. April 1874 im Brauhaus Lölgen (existiert heute nicht mehr) mit seinen Gästen einen Scherz erlaubt. Er hatte ihnen zum Essen halbe Hähnchen versprochen, ließ dann jedoch Käse auftischen.

Im Brauhaus kellnert ein Köbes, das ist der kölsche Name für Jakob. Ursprünglich waren das Brauburschen, die abends im Ausschank aushalfen. Berüchtigt sind die Köbesse für ihren brachialen Humor. Wenn Sie Mineralwasser bestellen, fragt der Köbes: »Soll ich auch Handtuch und Seife mitbringen?« Zu den Köbes-Ritualen gehört es, dass er Ihnen einfach ein Glas Kölsch hinstellt, auch wenn Sie noch gar nichts bestellt haben. Manchmal serviert er Ihnen auch gleich zwei Kölsch: »Dann biste wat beschäftigt un ich muss nit dauernd hin- und herlaufen.«

Das Restaurant Maybach ist eine beliebte Adresse bei den Kreativen der Medienbranche

AUSFLUGSLOKALE

Bootshaus Alte Liebe [0]

Generationen von jungen Pärchen haben hier schon bei sanftem Wellengang romantische Stunden verbracht. *So nur bis 21 Uhr, sonst bis 22 Uhr, Rodenkirchener Leinpfad, Tel. 39 23 61, U 16: Rodenkirchen, €*

Rhein Roxy [0] Insider Tipp

Wenn es Künstler und Szenegänger nach frischer Luft gelüstet, kehren sie im Bootshaus ihres Lieblingswirts Horst Leichenich ein. Typische Ausflugsküche mit Kotelett und Kuchen. *Di geschl., Rodenkirchener Leinpfad, Tel. 39 56 07, U 16: Rodenkirchen, €*

Wippenbekk Rodenkirchen [0]

Die Terrasse bietet einen wunderbaren Rheinblick. Serviert wird leichte, moderne mediterrane Küche. Radler und Jogger versorgen sich unten an der *Bierbud. Karlstr. 7–9, Tel. 935 31 50, U 16: Rodenkirchen, €€*

BIERGÄRTEN

Offizielle Sperrstunde in Wohngebieten: 22 Uhr.

Brauhaus Päffgen

Insider Tipp

Rathenauplatz **[107 D1]**
Schattige Bäume, volkstümliche Preise und viele junge Leute aus dem Univiertel. *Rathenauplatz 30, Tel. 801 73 49, U-Bahnen: Zülpicher Platz, €*

Stadtgarten **[103 D4]**
★ Riesige Terrasse für Bier und Cocktails, am Wochenende immer voll. Szeniges Publikum von 20 bis 40. *Venloer Str. 10, Tel. 952 99 40, U 3, 4, 5: Hans-Böckler-Platz, €*

Volksgarten **[107 E2]**
Nachmittags haben Sie gute Chancen auf einen freien Platz und genießen den Blick auf Wasserfontäne und Kahnweiher. Abends immer überlaufen. *Volksgartenstr. 27, Tel. 38 26 26, U 10, 12: Eifelplatz, €*

BRAUHÄUSER & KNEIPEN

Bieresel **[100 B3]**
Zwei Dutzend verschiedene Muschelgerichte haben Sie im Winter zur Auswahl. Sonst bewirtet man Sie mit deftig-bürgerlicher Küche. *Breite Str. 114, Tel. 257 60 90, Bahnen und Busse: Neumarkt, €*

Brauhaus Sion **[101 E2]**
Die Bratwurst gibt's hier meterweise. Wenn Sie den Köbes zur Eile mahnen, entgegnet er: »Wir sind ein Brauhaus und kein Treibhaus«. *Unter Taschenmacher 5–7, Tel. 257 85 40, Bahnen und Busse: Dom/Hbf., €*

Früh am Dom/ Hofbräustuben **[101 E2]**
Große Terrasse und drinnen 900 Plätze in den verschiedenen Sälen: Eines der größten Brauhäuser. Oben in den Hofbräustuben geht es weniger rustikal zu. Dort serviert man Ihnen gehobene Bürgerküche (z. B. Perlhuhnbrust). Vielleicht mögen Sie die Verdauungsschnäpse »Deck un Dönn« oder »Stippeföttche« probieren. *Am Hof 12–14, Tel. 261 30, Bahnen und Busse: Dom/Hbf., €*

Insider Tipp

Früh em Veedel **[108 A2]**
Hier herrscht wirklich noch kölsche Veedelsatmosphäre. Zu essen gibt's die Klassiker der rheinischen Küche. *So geschl., Chlodwigplatz 28, Tel. 31 44 70, Busse 132, 133 und U 6, 15, 16: Chlodwigplatz, €*

Insider Tipp

Haus Töller **[100 B6]**
Das urige Ambiente ist 100 Jahre alt. Hier serviert man Ihnen die besten »Hämchen« der Stadt – zart ge-

pökelte und gekochte Schweinshaxen. Auch gut: Sauerbraten vom Pferd. *Ab 17 Uhr, So geschl., Weyerstr. 96, Tel. 258 93 16, Bahnen u. Busse: Barbarossaplatz, €*

Malzmühle **[101 E4]**
Seit dem Besuch des früheren US-Präsidenten heißt der Sauerbraten hier Clinton-Teller. Überliefert ist die Frage des Köbes nach dem Getränkewunsch: »Two beer or not two beer?« *Heumarkt 6, Tel. 21 01 17, Bahnen und Busse: Heumarkt, €*

Päffgen **[100 A2]**
Stammgäste erörtern hier im Durchgang beim Kölsch das Weltgeschehen. Schöner Biergarten. Für den großen Hunger: Grillhaxe bestellen! *Friesenstr. 64–66, Tel. 13 54 61, Bahnen und Busse: Friesenplatz, €*

Peters Brauhaus **[101 E3]**
★ War früher mal ein Gourmetlokal, und aus dieser Zeit stammt die Jugendstildecke. Auch die Köbesse treten hier weniger brachial auf. Weibliche Gäste bestellen gern den Salatteller Tünnes und Schäl. *Mühlengasse 1, Tel. 257 39 50, Bahnen und Busse: Dom/Hbf., €*

Puszta-Hütte **[100 C4]** Insider Tipp
Hier gibt's nur Gulasch, und zwar das beste der Stadt. Der Nachschlag an Sauce ist kostenlos. *Sa-Abend und So geschl., Fleischmengergasse 57, Tel. 23 94 71, Bahnen und Busse: Neumarkt, €*

Schreckenskammer **[103 F4]** Insider Tipp
Kleinstes und ältestes Brauhaus (seit 560 Jahren). Den Boden bestreut man noch wie früher mit Sägespäne. Auch das blaugerippte Wams der Köbesse ist authentisch.

MARCO POLO Highlights »Essen & Trinken«

★ **Peters Brauhaus**
Hervorragende rheinische Küche (Seite 47)

★ **Paul's Restaurant**
Kreative Gourmetküche in schönem Jugendstilambiente (Seite 52)

★ **Nikko**
Der beste Japaner in Köln (Seite 52)

★ **Heising und Adelmann**
Crosskulturelle Küche und schöner Biergarten (Seite 51)

★ **Whistle Stop Café**
Südstaatenambiente und sehr freundliches Personal (Seite 53)

★ **Alcazar**
Szenekneipe mit gehobener Bürgerküche (Seite 52)

★ **Le Merou im Dom-Hotel**
Fin-de-Siècle-Architektur, raffinierte Küche und toller Ausblick (Seite 51)

★ **Stadtgarten**
Sehen und gesehen werden (Seite 46)

Die Gourmettempel von Köln

Bon Ami im Ambiance [100–101 C–D2]
Das gediegen-vornehme, helle Ambiente und der freundliche Service garantieren einen angenehmen Aufenthalt. Die gehobene exquisite Regionalküche mit mediterranen Anklängen des Küchenchefs Frank Wißkirchen ist erstklassig. Hauptgerichte 23 bis 27 Euro, Menü mittags 37 Euro, abends 61 Euro. *Sa-Mittag und So geschl., Komödienstr. 50–52, Tel. 922 76 52, U-Bahnen: Appellhofplatz*

Gut Lärchenhof [0]
Nicht nur für die Mitglieder des Golfclubs. Hier trifft man auf eine stilvolle und zugleich unkomplizierte Atmosphäre. Die Küche wartet mit ungewöhnlichen Kombinationen von Fisch und Gemüse auf. Dreigängemenü um 50 Euro. *Hahnenstr., Pulheim-Stommeln, Tel. 02238/92 31 00, RE 8 und RE 18: Stommeln, Bus 876: Wiesenhof, mit dem Auto: Venloer Str. stadtauswärts bis Stommeln*

Hanse-Stube Excelsior [101 D–E1]
Viele Gastroinsider sind sich einig: Die exzellente Küche hätte längst einen Michelin-Stern verdient! Die Weinkarte umfasst 450 Positionen vornehmlich aus Deutschland, Frankreich und Italien. In diesem Lokal legt man auch besonderen Wert auf eine angemessene Garderobe: Krawatte ist Pflicht! Dreigängemenü abends 53 Euro ohne Wein, 78 Euro mit Weinbegleitung, mittags Businesslunch 29 Euro. *Trankgasse 1–5/Domplatz, Tel. 27 01, www.excelsiorhotelernst.de, Bahnen und Busse: Dom/Hbf*

Le Moissonnier [103 F3]
Insider Tipp
Das Jugendstilrestaurant zählt seit Jahren zu Kölns Topadressen. Das Personal besteht ausschließlich aus Franzosen; an den Tischen geht es relativ ungezwungen zu. Küchenchef Eric Menchon nimmt die klassische französische Küche als Basis und entwickelt immer wieder neue Gerichte. Die Gäste respektieren das Restaurant als handy- und zigarrenfreie Zone. Viergängemenü in der Woche um 47 Euro, Hauptgerichte 26–29 Euro. *So/Mo geschl., Krefelder Str. 25, Tel. 72 94 79, www.le-moissonnier.de, U-Bahnen: Hansaring*

Schlosshotel Lerbach [0]
Dieter Müller ist der einzige Koch der Region, der sich mit drei Michelin-Sternen und 19 Gault-Millau-Punkten schmücken darf. Mit Glück bekommen Sie einen Tisch mit Blick auf den romantischen Schlosspark. Mit dem Rauchen von Zigarren bittet man Sie bis 23 Uhr zu warten. Sechsgängemenü um 130 Euro, Hauptgerichte um 38 Euro. *So/Mo geschl., Lerbacher Weg, Bergisch-Gladbach, Tel. 02202/20 40, www.schlosshotel-lerbach.com, S 11: Bergisch Gladbach und Bus 454: Lerbacher Weg, Auto: A 4, Abfahrt 19, Bensberg*

So geschl., Ursulagartenstr. 11, Tel. 13 25 81, U-Bahnen: Dom/Hbf. oder Hansaring, €

Sünner im Walfisch **[101 F3]**
Kein Köbes, sondern eine Kellnerin bringt das Kölsch. Sonst ist aber alles wie in einem Brauhaus. *Salzgasse 13, Tel. 257 78 79, U-Bahnen: Dom/Hbf. oder Heumarkt, €*

CAFÉS

Café am Berlich **[100 C3]**
Zwei sprechende Papageien konkurrieren mit der Kuchentheke um die Aufmerksamkeit der Gäste. *Auf dem Berlich 3–5, Tel. 257 62 57, U-Bahnen: Appellhofplatz, €*

Café Fromme **[100 B3]**
Im Untergeschoss originale römische Mauerreste. *Breite Str. 122, Tel. 257 61 57, Bahnen und Busse: Neumarkt, €*

Café Reichard **[101 D2]**
Von der Terrasse haben Sie den besten Blick auf den Dom. Die Konditorwaren sind Spitzenklasse, aber das alles hat seinen Preis. *Unter Fettenhennen 11, Tel. 257 85 42, Bahnen und Busse: Dom/Hbf., €*

Hardrock Café **[101 E4]**
Amerikanisches Coffeehouse mit Devotionalien wie einem Hemd von Elvis Presley und Bustier von Madonna. *Gürzenichstr. 8, Tel. 272 68 80, Bahnen und Busse: Heumarkt, €*

IMBISSE

Culinarius IN-BISS **[100 B3]**
Im Stehen oder Sitzen genießen Sie hausgemachte Pasta, marinierte Crevetten und Kalbskoteletts. *Tgl. ab 12 Uhr, Apostelnstr. 50, Tel. 258 69 49, Bahnen und Busse: Neumarkt, €€*

Sahara Imbiss **[100 A3]**
Vorspeisen und Sandwiches, Couscous, Falafel, Aufläufe und Gerichte aus dem marokkanischen Tontopf Tagine. Schnell, preiswert, nett. *Lütticher Str. 7, Tel. 257 46 95, Bahnen und Busse: Rudolfplatz, €*

Suppenkaspar **[101 D3]**
Suppen und Eintöpfe »nach Omas Rezept«. *Mo–Fr bis 18 Uhr, Sa bis 17 Uhr, So Ruhetag, Perlenpfuhl 6, Tel. 257 39 15, Bahnen und Busse: Dom/Hbf., €*

Sushi Nara **[100 A2]**
Kleines Stehlokal mit nur ein paar Hockern, dafür ist die Auswahl an Tee und Sushi groß. In der Friesenstraße 57–59 gibt es eine Dependance mit Fließband-Karussell. *Sa erst ab 16 Uhr, So ab 18 Uhr, Friesenstr. 70, Tel. 12 01 70, U-Bahnen: Friesenplatz, €*

RESTAURANTS €€€

Alfredo **[101 D3]**
Noble italienische Küche an der Oper. Schickes Ambiente, aber nicht steif. Abends stimmt der Wirt Roberto Carturan schon mal Opernarien an. *Sa-Mittag und So geschl., Tunisstr. 3, Tel. 25 77 80, U-Bahnen und Busse: Appellhofplatz*

Bellevue im Maritim **[101 F4]**
Die verglaste Dachrotunde bietet einen wunderbaren Panoramablick auf den Rhein und die Altstadt. Dazu unterhält man Sie mit dezenter Pianomusik. Exzellent-fei-

Kölner Spezialitäten

Lassen Sie sich diese Köstlichkeiten gut schmecken!

Blatz (auch: Platz) – süßes Brot mit oder ohne Rosinen

Flönz – Kölner Blutwurst mit groben Speckstückchen

Halve Hahn – ein Röggelchen (Roggenbrötchen) mit mittelaltem Holländer Käse, dazu Senf

Himmel un Ääd – Die Äpfel vom Baum (Himmel) und die Kartoffeln (Erde) gaben diesem Gericht den Namen. Kartoffeln und Äpfel werden zusammen gekocht und zu Mus gestampft. Dazu serviert man gebratene Blutwurst

Kölsch – obergäriges helles Bier mit etwa 4,8 Prozent Alkohol, das nur in Köln gebraut werden darf und nur in zylindrischen Glasstangen ausgeschenkt wird

Kölsche Kaviar – Blutwurst mit Zwiebeln, dazu Schwarzbrot oder Röggelchen

Krüstchen – kleine Imbissportion in einem Schälchen, ursprünglich zweites Frühstück in den Brauhäusern. Ein Krüstchen Gulasch ist eine kleine Schale mit Gulasch und einem kleinen Röggelchen

Metthäppchen – Gehacktes vom Schwein, mit Zwiebeln auf einer Brötchenhälfte

Muuze und Muuzemandeln – Schmalzgebäck in der Karnevalszeit

Rheinischer Heringsstipp – meist im Steinguttöpfchen serviert, dazu reicht man Salz- oder Pellkartoffeln. Die Heringe werden mit Zwiebeln, Äpfeln, Gewürzgurken und Senfkörnern in einer Essig-Sahne-Tunke eingelegt

Rheinische Muscheln – man kocht sie in einem Sud aus Wasser, Zwiebeln, Möhren, Porree, Lorbeerblättern und einem Schuss Weißwein. Manche Köche fügen auch Sellerie und Petersilie hinzu

Rheinischer Sauerbraten – meistens vom Rind, aber der wahre Kenner meint, es müsse Pferdefleisch sein! Der Schmorbraten muss mindestens 3 bis 4 Tage in einer Beize aus Essig, Wasser, Zwiebeln, Wacholderbeeren, Pfefferkörnern und Suppengrün liegen. Die Sauce wird mit Rosinen verfeinert. Klassische Beilagen sind Apfelmus und Kartoffeln bzw. Klöße

Rievkooche (Reibekuchen) – geriebene Kartoffeln vermischt man mit Milch, Eiern, Mehl und Salz, brät sie dann in reichlich Öl

Schavu – Wirsingkohl

Suure Schnibbelsbunne – sauer vergorene grüne Schnittbohnen. Sie werden oft mit Kartoffeln vermengt und mit Mettwurst gereicht

ne Küche in französischer Tradition. Die Atmosphäre ist kultiviert, aber nicht steif. *Im Hotel Maritim, Heumarkt 20, Tel. 202 78 75, Bahnen und Busse: Heumarkt*

Daitokai **[100 C2]**
Hier sitzten Sie an großen Grillplatten und bekommen das Essen direkt vor den eigenen Augen zubereitet. Die Köche bieten mit dem Tranchiermesser zirkusreife Showeinlagen. Menüs ca. 40 bis 66 Euro. *Mo und Di-Mittag geschl., Kattenbug 2, Tel. 12 00 48, U-Bahnen: Appellhofplatz*

Graugans im Hyatt Regency **[104 B5]**
»East meets West« lautet die Küchenphilosophie: Crossover-Kreationen aus der asiatischen und der europäischen Küche, z. B. Tandoori vom Kalbsmedaillon. *Sa-Mittag und So geschl., Kennedy-Ufer 2 a, Tel. 82 81 17 71, Bahnen und Busse: Deutzer Bahnhof*

Le Merou im Dom-Hotel **[101 E2]**
★ Internationale Hotelgäste und Kölns Bürgertum laben sich in eleganter Architektur an First-Class-Küche. *Domkloster 2 a, Tel. 202 40, Bahnen und Busse: Dom/Hbf.*

RESTAURANTS €€

Bizim **[104 A3]**
Mit 17 Punkten bedachten die Gault-Millau-Tester die euro-orientalische Gourmetküche von Enis Akisik. Ein raffinierter, aromabewusster Kochstil mit selbst gezogenen Kräutern! *Sa-Mittag, So und Mo geschl., Weidengasse 47–49, Tel. 13 15 81, Bahnen und Busse: Breslauer Platz/Ebertplatz*

Bosporus **[104 A3]** Insider Tipp
Gehobene Küche, die orientalische Ursprünge mit westlich-mediterranem Einfluss verbindet. Immer zu empfehlen: »Sultan Sac«, das sind zarte Lammfleischstreifen auf einer Knoblauch-Joghurt-Kräutersauce. Im Sommer ist die Terrasse sehr beliebt. *So-Mittag geschl., Weidengasse 36, Tel. 12 52 12, Bahnen und Busse: Breslauer Platz/Ebertplatz*

Heising und Adelmann **[100 A2]**
★ Gehobenes urbanes Ambiente und lockere, kommunikative Atmosphäre. Szene- und Medientreff mit Bar, großem Restaurantsaal und lauschigem Biergarten. Kreative crosskulturelle Küche. *Mittags und So ganztägig geschl., Friesenstr. 58–60, Tel. 130 94 24, Bahnen und Busse: Friesenplatz*

Jan's Restaurant in der Remise **[O]**
Das junge Team um Jan Nolte verwöhnt Sie mit einer pfiffigen deutsch-französischen Kreativküche. *Sa-Mittag, So und Mo geschl., Wendelinstr. 48, Tel. 491 18 81, U 1: Stadion*

Kyoto **[103 D6]**
Authentische japanische Küche. Mittagmenüs für 11 Euro. Die Sushi können Sie sich auch einzeln zusammenstellen. Tipp für Tischgemeinschaften von 3 bis 4 Personen: der japanische Fonduetopf. Insider Tipp *So geschl., Brüsseler Str. 12, Tel. 240 46 64, Bahnen und Busse: Rudolfplatz*

Maybach **[103 E3]**
Neben dem Filmhaus am Rand des Mediaparks gelegen. Das Publikum arbeitet hauptsächlich in der

Japanisches Restaurant Nikko

Medienbranche. Originelles Dekor mit DDR-Ampelmännchen, mediterran orientierte Küche. Sehr gute Weinauswahl. *Maybachstr. 111, Tel. 912 35 99, U- und S-Bahn: Hansaring*

Nikko **[106 C1]**
★ Eine sagenhafte Vorspeisenkarte mit Algensalat und rohem Thunfisch in Misosauce erwartet Sie hier. Auch Sushi und Sashimi verdienen höchstes Lob. Ohne Tischreservierung sollten Sie abends unbedingt schon um 18.30 Uhr kommen. *Sa-Mittag und So-Mittag geschl., Dürener Str. 89, Tel. 400 00 94, Bus 136, 146: Karl-Schwering-Platz*

Paul's Restaurant **[104 A1]**
★ Ausgezeichnete Gourmetküche mit Verfeinerungen bodenständiger Gerichte. Vielleicht mögen Sie das Viergängemenü mit warmem Schokoladenkuchen als Abschluss. *Mo geschl., sonst ab 18.30 Uhr, So auch 12–15 Uhr, Bülowstr. 2, Tel. 76 68 39, U 6, 12, 18: Florastraße*

Rotisserie zum Krieler Dom **[106 B2]**
Im freundlich-modernen Ecklokal tischt man französische Traditionsküche ohne modische Verrenkungen auf. *Di geschl., Bachemer Str. 233 (Eingang Krieler Str.), Tel. 43 29 43, Bus 146: Krieler Straße*

Synagogen-Restaurant **[107 D1]**
Koscheres Essen. Alle Gäste müssen sich unbedingt vorher anmelden und beim Pförtner die Personalien angeben. *Nur mittags, Roonstr. 50, Tel. 240 44 40, Bahnen und Busse: Zülpicher Platz*

RESTAURANTS €

Alcazar **[103 D5]**
★ Reservierungen sind hier nicht möglich: Also müssen Sie rechtzeitig kommen oder an der Theke warten, bis in dem Inlokal ein Tisch frei wird. Immer wieder steht ein Tafelspitz auf der Karte, wie man ihn in Wien auch nicht besser bekommt, sonst dominiert eine mediterran orientierte neue Küche. *Sa-Mittag und So-Mittag geschl., Bismarckstr. 39 a, Tel. 51 57 33, U-Bahnen: Friesenplatz*

Die Zeit der Kirschen **[102 B3]**
Beim »Krimi-Dinner« dürfen Sie während des Essens raten, wer der Mörder ist. Raffinierte mediterrane Fisch- und Fleischgerichte werden auch im Biergarten serviert. *Sa ab 17 Uhr, Venloer Str. 399, Tel. 954 19 06, U 3, 4, 13: Ehrenfeldgürtel*

Ganesha **[103 D6]**
Preiswertes indisches Restaurant, Publikum von 20 bis 40 Jahren. Die Einrichtung mit ziselierten Lampen und Tüchern ist nicht zu folkloristisch. Das dünne Fladenbrot und viele Grillgerichte kommen aus dem Tandoori-Ofen. Natürlich gibt es hier auch das marinierte Tandoori-Chicken. *Mo-Mittag geschl., Händelstr. 26, Tel. 21 31 65, Bahnen und Busse: Rudolfplatz*

Hotellux-Lokal **[104 C5]**
Russisch-ukrainische Küche im Ambiente eines plüschig-schummrigen Moskauer Arbeiterclubs von 1920. An der Bar können Sie 28 verschiedene Wodkasorten testen. Eine Salatkreation trägt den poetischen Namen »Feierabend in der Kolchose«. *Ab 19 Uhr, Von Sandt-Platz 10, Tel. 24 11 36, Bahnen und Busse: Bf. Deutz/Messe und Bhf. Deutz/Kölnarena*

Joe Champs **[100 A3]**
American Way of Life pur: Im TV laufen Übertragungen der US Football League und zu essen gibt's Burger, BBQ Ribs und Nachos. *Hohenzollernring 1–3, Tel. 257 28 54, Bahnen und Busse: Rudolfplatz*

Olé **[107 E2]**
»Das Herz von Spanien schlägt in Granada«, behauptet die Speisekarte. Die Knoblauchsuppe ist besonders zu empfehlen! *Ab 17 Uhr, Pfälzer Str. 1, Tel. 24 43 58, Bahnen und Busse: Barbarossaplatz*

Whistle Stop Café **[103 D5]**
★ Südstaatenmotive als Wandmalerei, Küche mit Burger und Tennessee-Chicken. Zur Abrundung der US-Atmosphäre erleben Sie eine praktische Demonstration amerikanischer Dienstleistungskultur: das Personal ist besonders freundlich. *Flandrische Str. 18, Tel. 257 07 30, Bahnen und Busse: Rudolfplatz*

WEINLOKALE

Bacchus Weinstube **[107 D1]**
Wohnzimmerhaft-gemütliches Lokal. Auf der Weinkarte dominieren deutsche Lagen. Dazu kann man Fleischgerichte, Salate und Eintöpfe essen. *Ab 17 Uhr, Sa und So ab 18 Uhr, Rathenauplatz 17, Tel. 21 79 86, Bahnen und Busse: Zülpicher Platz,* **€–€€**

Beiss'l **[107 D2]**
Die Weinkarte umfasst 130 Lagen aus allen möglichen Ländern. Jugendstilambiente. Kleine Küche mit Suppen, Salaten, Käse. *Di–Fr ab 18 Uhr, Sa ab 19 Uhr, So nur Weinseminare, Mo geschl., Otto-Fischer-Str. 1 (am Südbahnhof), Tel. 41 25 79, U 18, 19: Eifelwall*

Delix Food and Wine **[100 A2]**
Dirk Middendorf hat das Konzept aus New York übernommen und eine Mischung aus Delikatessenladen und Coffeebar eingerichtet. Weine aus Spanien, Chile, Südafrika, USA. *Tgl. ab 12 Uhr, Friesenstr. 72–74, Tel. 126 02 00, U-Bahnen: Friesenplatz*

Vintage **[100 A3]**
Schickes Lokal im Boutiquenviertel. Unter den 900 Weinen sind viele edle Tropfen zu finden. Dazu tischt man exquisite mediterrane Küche auf. *So geschl., Pfeilstr. 31–35, Tel. 92 07 10, Bahnen und Busse: Rudolfplatz,* **€€**

Domprinten und Glimmerkonfetti

Näschereien und verrückte Partykostüme – Köln hat auch Spezialitäten zu bieten

Boutique Gesine Moritz

Sie suchen nach einem typisch kölschen Mitbringsel? Nun ja, die T-Shirts, Bierseidel und Aschenbecher mit Dom-Motiv werden nicht in Köln, sondern vermutlich irgendwo in Asien hergestellt. Wenn es etwas Authentisches sein soll, dann gehen Sie zu *Printen Schmitz* auf der Breite Straße. Dort gibt's den Dom in essbarer Form mit oder ohne Schokoladenüberzug, und außerdem viele drollige Figürchen aus Marzipan, die eigentlich viel zu schade zum Essen sind.

Die großen Kaufhäuser und Markenketten sind auf der Hohe Straße und in der Schildergasse zu finden. An diese Fußgängerzone schließen sich die Einkaufspassagen am Neumarkt an.

Als Route für den Einkaufsbummel empfiehlt sich auch die Strecke Breite Straße–Ehrenstraße von den WDR-Arkaden bis zum Hohenzollernring mit individuellen Läden.

Zwei Branchen beweisen, dass Köln eine Kunststadt ist, in der auch gern gefeiert wird: Zum einen zeigen rund 100 Galerien ständig Ausstellungen mit der klassischen Moderne des 20. Jhs., mit der etablierten zeitgenössischen Avantgarde und mit der noch preiswerten jungen Kunst. Zum anderen haben die Spezialgeschäfte für Masken und Kostüme, Deko- und Partymaterialien das ganze Jahr über gut zu tun.

In der Innenstadt sind die meisten Läden an Werktagen bis 19 oder 20 Uhr offen, samstags bis 16 Uhr. Wir nennen die Öffnungszeiten nur, wenn sie von den üblichen abweichen.

Futuristisches Treppenhaus im Einkaufszentrum Olivandenhof

ANTIQUARIATE

Antiquariat Buchholz **[100 C2]**
Neben antiquarischen Büchern umfasst das Inventar viele alte Stiche und Plakate, Modejournale, Kunst- und Fotobände sowie Miniaturdrucke des 19. Jhs. *Mo–Fr 11–18 Uhr, Neven-Du-Mont-Str. 17, U-Bahnen: Appellhofplatz*

Buchhandlung-Antiquariat Heybutzki [100 A4]
Hier dürfen Sie nach Herzenslust zwischen alten Lexika stöbern. Vielleicht interessieren Sie sich für Programmhefte aus dem 19. Jh. und alte Bildbände? *Pfeilstr. 8, Bahnen und Busse: Rudolfplatz*

ANTIQUITÄTEN & MÜNZEN

Münzen- und Medaillengalerie Köln H. J. Knopek [101 E3]
Hans Jürgen Knopek betreut auch das Karnevalsmuseum Unter Käster 12. In seinem Münzladen sind Karnevalsorden käuflich zu erwerben, daneben Olympia- und Gedenkmünzen. *Alter Markt 55, Bahnen und Busse: Dom/Hbf.*

Steinsträsser [107 E2]
Wunderschöne antique Stand- und Kaminuhren. Mindestpreis: um 150 Euro. *Salierring 26 a, Bahnen und Busse: Barbarossaplatz*

BOUTIQUEN & DESIGNERKLEIDUNG

Gesine Moritz [100 A3]
Hochwertige Kollektionen, in Form und Farbe mal elegant-samtig, mal lässig-bequem mit weiten, fließenden Stoffen. *Pfeilstr. 23, Bahnen und Busse: Rudolfplatz*

Marion Muck Mode [100 B3]
TV-Star Anke Engelke schwärmt von den Roben der Kölner Designerin. Außerdem: Schuhe, Accessoires. *Ehrenstr. 41 a und b, Bahnen und Busse: Rudolfplatz*

Muschis Modezimmer [100 A3]
Trendladen für Clubstyling. Hier bieten verschiedene Jungdesigner ihre verrückten Entwürfe an. *Flandrische Str. 6, Bahnen und Busse: Rudolfplatz*

Perla Zayek
Eigenes Design mit schlicht-eleganter Linie, auch Schuhe und Taschen. [100 B3] *Neumarkt-Passage/Richmodstr. 7 und* [100 A3] *Friesenwall 94, Bahnen und Busse: Neumarkt, bzw. Friesenplatz*

DELIKATESSEN

Biermuseum [103 D5]
Hier bekommen Sie Windhoek-Bier aus Namibia und Lapin Kulta aus Finnland: Der Kiosk führt 70 Biersorten aus aller Welt! *Mo–So 14–3 Uhr, Antwerpener Str. 31, Bahnen und Busse: Friesenplatz*

Honig-Müngersdorff [101 D4]
Seit 1847 kümmert sich der Familienbetrieb um den süßen Stoff aus der Imkerei: In dem netten Laden gibt's nicht nur Honig im Topf, sondern auch Bonbons, Likör und Wein auf Honigbasis. *An St. Agatha 37, Bahnen und Busse: Neumarkt*

Hoss an der Oper [101 D3]
★ Ein Gourmettempel, in dem Sie von feinen Wurstwaren, hausgemachten Pasteten, Desserts, Salaten und Konservensuppen bis zum 90 Jahre alten Armagnac alles bekommen, was die Zunge jubilieren lässt. *Mo geschl., Breite Str. 25–27, U-Bahnen: Appellhofplatz*

Käffchen [100 B3]
Hübsche Kaffeeboutique, in der Sie auch eine ausgezeichnete Wiener Melange probieren können. *Neumarkt 36–38, Bahnen und Busse: Neumarkt*

Käsehaus Wingenfeld [100 A3]
Seit 1896 wird der Käse hier Tag für Tag mit äußerster Sorgfalt behandelt. Der Brie z. B. liegt nach alter Sitte auf Strohmatten, andere Sorten reifen in speziellen Kühlzonen. Es gibt auch eine Insider Tipp Spezialtheke mit Ziegenkäse, außerdem Öle und Wein. *Ehrenstr. 90, Bahnen und Busse: Rudolfplatz*

Insider Tipp **Printen Schmitz** [100 C3]
Leckeres Gebäck, Pralinés, Printen und Marzipankreationen. Damit lassen die Kölner sich schon seit 1842 verwöhnen. *Breite Str. 87, U-Bahnen: Appellhofplatz*

Sterck Joh. Jos. & Zoon [100 C3]
80 Teesorten, Kaffee, englisches Gebäck und belgische Edelpralinés regen in einer schönen alten Ladeneinrichtung die Sinne an. *Neue Langgasse 4, U-Bahnen: Appellhofplatz*

Wild-Geflügel Brock [100 B3]
Die schöne Metzgereieinrichtung aus dem Jahr 1903 lohnt einen Besuch. In Gläsern und Dosen gibt's auch Wachteleier, Pasteten und andere Delikatessen. *Apostelnstr. 44, Bahnen und Busse: Neumarkt*

Zwölf Grad [107 F3]
Die originelle Ladeneinrichtung müssen Sie gesehen haben: Alle Regale sind um 12 Grad geneigt. Weine aus Rheinhessen und Frankreich von kleinen Winzerbetrieben. *Martin-Luther-Platz 1, Bahnen und Busse: Chlodwigplatz*

GALERIEN & KUNSTHANDEL

Alexa.Jansen.Galerie [107 E1] Insider Tipp
Eigenwillige junge Kunst mit Malerei und Rauminstallationen, z. B. von Harry Hauck. *Di–Sa 14–20 Uhr, Pantaleonswall 50, Bahnen und Busse: Barbarossaplatz*

Galerie Karsten Greve [101 D2]
Klassiker des 20. Jhs. wie Louise Bourgeois und zeitgenössische Künstler. *Mo geschl., Drususgasse 1–5, Bahnen und Busse: Dom/Hbf.*

MARCO POLO Highlights »Einkaufen«

★ **Filz Gnoss**
Nie mehr kalte Füße! (Seite 61)

★ **Balloni**
Traumland für Partygastgeber und Dekorateure (Seite 58)

★ **Hoss an der Oper**
Wallfahrtsort für Feinschmecker (Seite 56)

★ **Kölner Puppenklinik**
Schönheitschirurgie für alte Puppen (Seite 59)

★ **Nippes**
Einheimische und exotische Früchte auf dem Wochenmarkt (Seite 61)

★ **Galerie Michael Werner**
Hier gibt es große Malerstars (Seite 58)

Insider Tipp **Galerie Rachel Haferkamp** [104 A3]
Konzeptkunst, Klanginstallationen und das Schrägste aus der Kölner Offszene. *Di–Fr 14–19 Uhr, Sa 12–15 Uhr, Eigelstein 112, U-Bahnen: Ebertplatz*

Galerie Heinz Holtmann [101 E3]
Etablierte Avantgarde wie Beuys, Mack, Klauke und Malerei nach 1990. *Mo geschl., Obenmarspforten 7–11, Bahnen und Busse: Dom Hbf. oder Heumarkt*

Galerie Reckermann [100 B3]
Avantgarde nach 1960/70 und Fotokunst. *Mo geschl., Albertusstr. 16, U-Bahnen: Friesenplatz*

Galerie Michael Werner [100 B3]
★ Malerstars wie Polke, Baselitz, Immendorff, Penck. *Mo geschl., Gertrudenstr. 24–28, Bahnen und Busse: Neumarkt*

Insider Tipp **Galerie Thomas Zander** [108 B4]
Pop-Art, Fotokunst und Avantgarde. Zu den Hauskünstlern zählt Max Regenberg. *Di–Fr 14–18 Uhr, Sa 11–16 Uhr, Schönhauser Str. 8, U 16: Schönhauser Straße*

Kunsthaus Lempertz [100 C4]
Kölns erste Adresse für Auktionen. Klassische Moderne, zeitgenössische, afrikanische und ostasiatische Kunst. *Neumarkt 3, Bahnen und Busse: Neumarkt*

KARNEVALS- & FESTARTIKEL

Balloni [102 B3]
★ Hier finden Sie alles für originelle Tischdekorationen und schrilles Partyzubehör: Tischdecken und Dekostoffe, Luftballons, Konfetti, Geschenkpapier, Servietten, Glitter- und Flimmersterne, Zierpüppchen. *Ehrenfeldgürtel 88–94, U 3, 4, 13: Venloer Straße/Gürtel*

Gondeln von Haberpointner in der Galerie Reckermann

Bermudadreieck

So wird das Boutiquenviertel genannt

Die Straßen zwischen Friesenplatz, Rudolfplatz und Neumarkt heißen im Volksmund Bermudadreieck. Da verschwinden keine Schiffe auf geheimnisvolle Weise im Meer, sondern Geld und Kreditkartenbelege in den Kassen der teuren Boutiquen: Edle Abendgarderobe finden Sie in der Mittelstraße, Designermode in der Pfeilstraße und schrilles Outfit in der Ehrenstraße.

Deiters **[0]**
Ob man Sie einlädt, beim Rosenmontagszug mitzugehen, oder ob Sie eine eigene Party veranstalten: Hier finden Sie Orden, Wurfmate-rial, Stoffe, Dekomaterial. *Max-Planck-Str. 4 (Marsdorf), Bus 976, 977: Gut Keuchhof*

Insider Tipp **Festartikel Schmitt** **[104 A4]**
Nur Minimalisten begnügen sich mit einer roten Pappnase. Bei allen anderen weckt bereits der Anblick der Kostüme für Indianer, Zigeunerinnen, Matrosen und Piraten die Lust am Verkleiden. Auf drei Etagen kann man sich das ganze Jahr mit Konfetti, Glitter, Theaterschminke, Talmischmuck, Girlanden und Wunderkerzen eindecken. *Mo–Fr 10–18 Uhr, Johannisstr. 67, U-Bahnen: Breslauer Platz*

Der Karnevalswierts **[0]**
Möchten Sie gerne als Paillettenclown, plüschiger Hoppelhase oder rosa gewandete Nonne gehen? Dann fahren Sie nach Godorf im Süden Kölns. In der 2000 m² großen Halle dürfen Sie das ganze Jahr über 400 verschiedene Komplettkostüme (um 40 bis 50 Euro) anprobieren. Ob Sie nach hautengen Cat Suits, Glitzerzylindern, Samtfräcken oder nach Halloweenmasken suchen – für die Mottoparty bleibt kein Wunsch offen. *Otto-Hahn-Str. 17, U 16: Godorf, Bus 135: Otto-Hahn-Straße*

KURIOSA

Ballaballa **[107 D1]** Insider Tipp
Fachgeschäft für Artistenbedarf: Jonglierbälle, Ein- und Hochräder, Clownrequisiten, Reifen, Perücken. *Zülpicherstr. 39, Bahnen: Dasselstraße/Bahnhof Köln-Süd*

Kölner Puppenklinik **[100 B3]**
★ Laden, Reparaturwerkstatt und Museum: Joyce Merlet sammelt alte Puppen, ersetzt bei zerfledderten Teddys fehlende Augen und die Füllung und betreibt einen An- und Verkauf für antiquarisches Spielzeug. Mit seiner einmaligen Atmosphäre ist das kleine Geschäft ein romantisches Juwel inmitten all der kalten Granit- und Glitzerpracht des Shoppingviertels. *Ehrenstr. 48, Bahnen und Busse: Friesenplatz*

Perlenspiel **[100 A2]**
Ausgefallener Modeschmuck von Künstlerhand und ein umfangreiches Sortiment an Perlen und Drähten für eigene Kreationen. *Ab*

11.15 Uhr, Friesenstr. 77, Bahnen und Busse: Friesenplatz

Zauberkönig **[101 E3]**
Alle möglichen Scherzartikel und Utensilien für die Bühnenzauberei, Spielzeugpistolen und Karnevalsartikel. *Große Budengasse 7, Bahnen und Busse: Dom/Hbf.*

MALBEDARF

Bruno Wolkenaer **[100 B3]**
Fachhandel für Profi- und Hobbymaler: Farben, Stifte, Papier, Leinwände, Staffeleien, Lacke und Firnisse. *Ehrenstr. 6, Bahnen und Busse: Neumarkt*

MUSIKINSTRUMENTE

Musikhaus Tonger **[101 D3]**
Alteingesessener Musikalienhandel: Instrumente, Noten, Chorliteratur. Man besorgt Ihnen auch Partituren, die sonst schwer erhältlich sind. Angeschlossen ist ein eigener Musikverlag. *Breite Str. 2–4, Bahnen und Busse: Neumarkt*

Musik-Shop Kossmann **[107 E1–2]**
Alles von der Snare-Wirbeltrommel bis zur »Decke Trumm«: Violinen, Konzert- und E-Gitarren, Saxophone und andere Instrumente für den Profi- und Hobbymusiker. *Salierring 36, Bahnen und Busse: Barbarossaplatz*

Peter Neff **[101 F3]**
Peter Neff ist Holzblasinstrumentenmacher. Er repariert Flöten, Oboen etc. In seinem An- und Verkaufladen sind Klarinetten und Saxofone aufgereiht; bis in den kleinsten Winkel stapeln sich alte Instrumentenkoffer. *Lintgasse 16, Bahnen und Busse: Heumarkt*

PASSAGEN

DuMont-Carré **[100 C3]**
Gucken Sie mal in die Fotoausstellungen im *studio dumont.* Der *Eisstand* ist einer der besten in Köln. Auch klasse sind die Muffins mit Blaubeeren in *Henry's Coffeeworld. Breite Str. 80–90, U-Bahnen: Appellhofplatz/Breite Straße*

Neumarkt-Galerie **[100 C3–4]**
Orientieren Sie sich an der großen Eistütenplastik von Claes Oldenburg oben auf dem Dach. 67 Läden sind auf den täglichen Bedarf und auf Spezialwünsche eingestellt. Bei *Neuhaus-Bruxelles* gibt es herrliche Pralinen. *Richmodstr. 8, Bahnen und Busse: Neumarkt*

Neumarkt-Passage **[100 B–C3]**
Neben der Buchhandlung Gonski finden Sie hier viele kleine Läden, Boutiquen und Cafés. *Neumarkt, Bahnen und Busse: Neumarkt*

Olivandenhof **[100 C3]**
Umbau 2005. *Zeppelinstr. 9, Bahnen und Busse: Neumarkt*

Opernpassagen **[100 C3]**
Neben Geschenkartikeln, Mode und einem Pianogeschäft finden Sie hier Cafés und Restaurants für einen Imbiss nach den Vorstellungen in der Oper oder im Theater am Dom. *Ecke Breite Str./Neue Langgasse, Bahnen und Busse: Appellhofplatz*

SCHUHE

Bioline **[101 D3]**
Die Firmenphilosophie lautet: Grundsätzlich nur Naturmaterialien, aber keine bieder-klobigen For-

men. *Minoritenstr. 1, Bahnen und Busse: Dom/Hbf.*

Zu Fuß – der Schuhladen **[100 A3]**
Bestickte Lederpantoletten (um 75 Euro), elegante Damenstiefel, sportliche und robuste Schuhe. *Ehrenstr. 96–98, U-Bahnen: Friesenplatz oder Rudolfplatz*

STOFFE

Filz Gnoss **[100 B3]**
★ Filz ist ein Energiespeicher. Alles, was es hier zu kaufen gibt, ist aus diesem Material: Pantoffeln, Hüte, Polsterwatten, Trittschalldämmungen. Außerdem sind Bastelfilze und technische Filze erhältlich. *Apostelnstr. 21, Bahnen und Busse: Neumarkt*

WOCHENMÄRKTE

In Köln finden regelmäßig 39 Wochenmärkte statt. Drei Märkte verdienen mit ihrem Angebot und ihrem Flair besondere Erwähnung:

Apostelnkloster **[100 B4]**
Herrliche Blumenstände, duftende Kräuter und Öle, Obst und Gemüse: Unter den schattigen Bäumen herrscht ein Hauch von Provence. *Di und Fr 7–13 Uhr, Apostelnkloster, Bahnen und Busse: Neumarkt*

Nippes **[104 A1]**
★ Wenn Sie mit einer kölschen Marktfrau parlieren, sollten Sie wissen, dass man hier unter »Kätteschloot« Löwenzahn, »Öllich« Zwiebeln und »Sprütcher« Rosenkohl versteht. *Mo–Sa 7–13 Uhr, Wilhelmplatz, U 6, 12, 18: Florastraße*

Rudolfplatz **[100 A4]**
Kleiner Ökomarkt mit Erzeugern und Biohändlern: Öle, Käse, Geflügel, Gemüse, Kräuter. *Mi 11–18 Uhr, Sa 8–14 Uhr, Rudolfplatz, Bahnen und Busse: Rudolfplatz*

Für viele ein besonderes Vergnügen: Einkauf auf dem Wochenmarkt

Schlafen Sie gut!

Das können Sie in Köln. Aber vor allem zu Messezeiten müssen Sie rechtzeitig reservieren

Antik-Hotel Bristol

Köln hat derzeit mehr als 200 Hotels mit 17 750 Betten. Doch während der 40 Messen im Jahr ist alles hoffnungslos ausgebucht. Ähnlich ist es bei Großveranstaltungen. Rosenmontag schauen sich über 1 Mio. Menschen den Umzug an, und Kölns feine Gesellschaft mietet sich dann »Finster för d'r Zoch« (Fenster für den Zug) im Excelsior Hotel Ernst.

In Köln schlagen manche Hotels in den Spitzenzeiten bis zu 100 Prozent auf. Doch auch an normalen Tagen verlangen selbst kleine Hotels gelegentlich Mondpreise. Faustregel: Je näher am Dom, desto teurer betten Sie Ihr Haupt. Im Zentrum lassen sich aber auch durchaus günstige Hotels und Pensionen finden. Nur sollten Sie dann ein Fan von alten Tapeten und schlichtem Mobiliar sein.

Zum Übernachten ist Köln eine relativ teure Stadt. Allerdings bieten Reisebüros mitunter günstige Wochenendarrangements an.

Haben Sie ein kleines Hotel im Einzugsbereich der Altstadt gefunden, müssen Sie sich darauf einstellen, dass in dieser kneipenseligen Gegend keineswegs schon um neun Uhr abends die Bürgersteige hochgeklappt werden: Wenn Sie ländliche Ruhe bevorzugen, sollten Sie eine Unterkunft in den Außenbezirken wählen – etwa im Sürther Falderhof oder im Lövenicher Gut Keuchhof.

Viel Glas bis hinauf zum Dach im Hotel Maritim

Hotelzimmer vermittelt Ihnen das *Köln Tourismus Office* gegen eine Vermittlungsgebühr von 3 Euro pro Bett *(Tel. 22 12 04 10)* bei Reservierungen am selben Tag. Früh- und Onlinebuchungen sind kostenlos. Tipp: Reservieren Sie unbedingt zwei bis drei Wochen vorher, vor allem zu Messezeiten. Online-Buchungen: *www.koelntourismus.de.* Das *Köln Tourismus Office* vermittelt auch Privatzimmer *(Tel. 22 13 04 00).*

Übernachtungen bei Privatpersonen (WG-Zimmer oder auch eine exklusive Lounge) vermittelt die *Homestay Agency Köln* ab 33 Euro für ein EZ. Provision: 25 % der Vertragssumme bei Kurzzeitbuchungen. *Tel. 130 69 00, Fax 130 69 01, Postadresse: Kristin Reuther-Mercu-*

Farbenfroh: Cristall-Hotel

rio, Thielenstr. 19, 50825 Köln, www.homestay-agency.de

Wollen Sie auf eigene Faust ein billiges Zimmer suchen: Viele – allerdings einfach ausgestattete – Hotels und Pensionen sind nördlich von Hbf. und Breslauer Platz im Viertel Domstraße/Machabäerstraße/Johannisstraße zu finden. Einige residieren in den Querstraßen Brandenburger Straße und Jakordenstraße. Vorsicht allerdings drei Blocks weiter in der Eintrachtstraße: Dort entpuppt sich die eine oder andere Pension als Bordellbetrieb.

HOTELS €€€

Antik-Hotel Bristol **[100 A1]**
★ Nicht die günstigste Adresse, aber das Besondere hat eben seinen Preis, wenn Sie z.B. die Nacht in einem handgeschnitzten alten Bauernbett oder in einem vergoldeten Himmelbett verbringen möchten. *44 Zi., Kaiser-Wilhelm-Ring 48, Tel. 12 01 95, Fax 13 14 95, www.antik-hotel-bristol.de, U-Bahnen: Christophstr./Mediapark*

Cristall Hotel **[104 A4]**
Marmor und kontrastierende Farben im Frühstücksraum. Auch die Zimmer haben originelles und geschmackvolles Inventar. *84 Zi., Ursulaplatz 9–11, Tel. 163 00, Fax 163 03 33, www.hotelcristall.de, U-Bahnen: Breslauer Platz, Dom/Hbf.*

Hilton Köln **[100 D1]** Insider Tipp
Designhotel der Fünf-Sterne-Kategorie in denkmalgeschütztem Gebäude, zwei Minuten Fußweg vom Dom. Auch empfehlenswert: ein Drink in der Ice-Bar. *296 Zi., Marzellenstr. 13–17, Tel. 13 07 10, Fax 13 07 20, www.hilton.de, Bahnen und Busse: Dom/Hbf.*

Hopper Hotel St. Antonius **[104 A3]**
★ 1905 als Kolping-Gesellenheim errichtet und 1999 zum Vier-Sterne-Hotel umgebaut. Die historische Bausubstanz verbindet sich mit moderner Fotokunst an den Wänden und mit dem Komfort dezent-individuellen Interieurs. PC- und Internetangebot in der Hotellobby. *39 Zi., 15 Suiten, Dagobertstr. 32, Tel. 166 00, Fax 166 01 66, www.hopper.de, U-Bahnen: Ebertplatz*

Hotel Savoy **[104 A4]**
★ Vielleicht sitzt beim Frühstücken Götz George am Nachbartisch, denn das eigenwillig gestaltete Hotel ist bei Schauspielern und

Medienleuten sehr beliebt. *95 Zi., Turiner Str. 9, Tel. 162 30, Fax 162 32 00, www.savoy-koeln.de, U-Bahnen: Breslauer Platz*

Lindner Hotel Dom Residence **[101 D1]**
»LebensArt zwischen Dom und Messe«, steht über dem Eingang in der Wand aus blauen Glasbausteinen. Sachlich-freundliche Atmosphäre, aufmerksamer Service. *125 Zi., An den Dominikanern 4 a (Eingang Stolkgasse), Tel. 164 40, Fax 164 44 40, www.lindner.de, Bahnen und Busse: Dom/Hbf.*

Maritim **[100 E–F4]**
Große, verglaste Halle mit diversen Läden und Lokalen. Perfekte Kongresslogistik, Schwimmbad und Fitnessbereich. *454 Zi., Heumarkt 20, Tel. 202 70, Fax 202 78 26, www.maritim.de, Bahnen und Busse: Heumarkt*

The New Yorker Hotel **[105 E2]** Insider Tipp
Designerhotel im früheren Mülheimer Industriegebiet. *37 Zi., 3 Suiten, Deutz-Mülheimer-Str. 204, Tel. 473 30, Fax 473 31 00, www.thenewyorker.de, Bus 250: Danzierstraße*

HOTELS €€

Atrium Rheinhotel **[0]**
8 km vom Zentrum entfernt und daher eher für PKW-Reisende geeignet. Ruhige Lage in einer Seitenstraße, komfortable Einrichtung. *67 Zi., Karlstr. 2–12 (Rodenkirchen), Tel. 93 57 20, Fax 93 57 22 22, www.atrium-rheinhotel.de, Bus 130: Frankstraße, U 16: Rodenkirchen*

Brenner'scher Hof **[0]**
Alter Gutshof aus dem 18. Jh. mit vornehm-gediegener Einrichtung, Apartmenthaus für Dauergäste. 9 km vom Dom entfernt. *28 Zi., 20*

MARCO POLO Highlights »Übernachten«

★ **Antik-Hotel Bristol**
Im vergoldeten Himmelbett nächtigen (Seite 64)

★ **Hopper Hotel et cetera**
In einem ehemaligen Kloster: luxuriöses Design statt karger Mönchszelle (Seite 67)

★ **Hopper Hotel St. Antonius**
Ehemaliges Kolpinghaus für Wandergesellen, heute Designhotel (Seite 64)

★ **Hotel Savoy**
Stammhotel der Schauspielprominenz (Seite 64)

★ **Chelsea**
Künstlerfeeling pur in der Martin-Kippenberger-Suite (Seite 68)

★ **Falderhof**
Schöner, alter Gutshof, nobler Komfort (Seite 67)

★ **Hotel Regina**
Klein, recht persönlich und nicht zu teuer (Seite 69)

★ **Hotel Rheinblick**
Der Name ist Programm: schöne Aussicht (Seite 69)

Kölner Luxushotels

Excelsior Hotel Ernst **[101 D–E2]**
Seit 1863 eine noble Adresse im Schatten des Doms. Unterm Dach lädt ein großer Fitnessraum mit Sauna zur Entspannung ein. Für Konferenzen, Bankette, Tagungen etc. stehen 12 Säle zur Verfügung. 220 bis 410 Euro. *152 Zi. und Suiten, Domplatz, Tel. 27 01, Fax 270 33 33, www.excelsiorhotelernst.de, Bahnen und Busse: Dom/Hbf.*

Dom Hotel Köln **[101 E2]**
1857 wurde der palastartige Bau mit seiner heute denkmalgeschützten Fassade in Betrieb genommen. Geschmackvolle Einrichtung, zusammengestellt aus Traditionellem und Modernem. 160 bis 420 Euro. *125 Zi., Domkloster 2 a, Tel. 202 40, Fax 202 44 44, www.cologne.lemeridien.com, Bahnen und Busse: Dom/Hbf.*

Dorint Kongress-Hotel Köln **[100 B2]**
»Hofburg« des Kölner Dreigestirns, das hier vom Tag der Prinzenproklamation Anfang Januar bis Aschermittwoch nächtigt. Fitnessbereich, Sonnenterrasse. 99 bis 387 Euro. Das Restaurant »La Vision« im 11. Stock bietet einen tollen Ausblick und klassische französische Haute Cuisine *(€€€, Küche Di–Sa 12–14 u.19–21 Uhr). 284 Zi., Helenenstr. 14, Tel. 27 50, Fax 275 13 01 www.dorint.de/koeln-kongress, U-Bahnen: Appellhofplatz*

Hotel im Wasserturm **[100–101 C–D5]**
Designerhotel in einem 130 Jahre alten, denkmalgeschützten Gebäude. 190 bis 370 Euro. *88 Zi., Kaygasse 2, Tel. 200 80, Fax 200 88 88, www.hotel-im-wasserturm.de, U-Bahnen: Poststraße.*

Hyatt Regency Köln **[104 B5]**
Von der Badewanne in der Kennedy-Suite schauen Sie auf den Dom. Die sechste Etage ist für die Suiten des exklusiven Regency Clubs reserviert. Aber auch alle anderen Zimmer haben Modemanschluss, interaktives TV, und Video-Playstation. Fitnessstudio, Sauna, Dampf- und Schwimmbad. 175 bis 305 Euro. *306 Zi., Kennedy-Ufer 2 a, Tel. 828 12 34, Fax 828 13 70, www.cologne.regency.hyatt.com, U-Bahnen: Deutzer Freiheit oder Bahnhof Deutz/Messe*

Suiten, 8 Apt., Wilhelm-von-Capitaine-Str. 15–17, Tel. 948 60 00, Fax 94 86 00 10, www.brennerscherhof.de, U 1: Junkersdorf

Classic Hotel Harmonie **[104 A4]**
Ein Teil der Räume wurde renoviert, hat Aircondition und Modemanschluss. Zum Entspannen laden die Dachterrasse und der begrünte Innenhof ein. *72 Zi., Ursulaplatz 13–19, Tel. 165 70, Fax 165 72 00, www.classic-hotel-harmonie.de, Bahnen und Busse: Dom/Hbf.*

Esplanade **[100 A5]**
Schrilles Design in Foyer und Frühstücksraum: 50er-Jahre-Schick mit

Das palastartige Dom Hotel liegt direkt neben dem Dom

futuristischen Anklängen des 21. Jhs. Die Zimmer sind dezenter eingerichtet. Zentrale Lage. *31 Zi., Hohenstaufenring 56, Tel. 921 55 70, Fax 21 68 22, www.hotelesplana de, U-Bahnen: Zülpicher Platz*

Falderhof **[0]**

★ Fränkische Hofanlage, schönes altes Fachwerkhaus in abgeschiedener Lage, ca. 9 km vom Dom. Ein liebevoll eingerichtetes, gemütliches Hotel. *33 Zi., Falderstr. 29, Tel. 02236/96 69 90, Fax 96 69 98, www.falderhof.de, U 16: Sürth*

Flandrischer Hof **[100 A3]**

Nur 2 Min. vom Rudolfplatz entfernt. Große Zimmer, modern-komfortable Einrichtung. *195 Zi., Flandrische Str. 3–11, Tel. 203 60, Fax 203 61 06, www.flandrischerhof.de, Bahnen und Busse: Rudolfplatz*

Hopper Hotel et cetera **[103 D6]**

★ Namenspatronen sind der Maler Edward Hopper und der Schauspieler Dennis Hopper. Das ehemalige Kloster der Barmherzigen Brüder von Montabaur ist heute mit Designermöbeln aus Kirschholz, mit Eukalyptusparkett und Marmorbädern ausgestattet. *49 Zi., Brüsseler Str. 26, Tel. 92 44 00, Fax 92 44 06, www.hopper.de, U-Bahnen: Rudolfplatz, Bus 136, 146: Roonstraße*

Hotel Viktoria **[104 B2]** Insider Tipp

Geschmackvolle, wilhelminische Villa in der nördlichen Neustadt. Klassizistisches Baudenkmal mit Erkern, Marmor an den Wänden, Wand- und Deckenmalereien. *42 Zi., Worringer Str. 23, Tel. 973 17 20, Fax 72 70 67, Bahnen und Busse: Reichensperger Platz*

Landhaus Gut Keuchhof **[0]**

Denkmalgeschützter Gutshof nah am Bahnhof Lövenich (10 Min. Fahrtzeit bis Köln Hbf.). Alle Zimmer sind modern möbliert. *43 Zi., Braugasse 14, Tel. 02234/760 33, Fax 946 00 58, www.keuchhof.de, Busse 141, 145 und DB: Lövenich*

Künstlerhotel Chelsea

Lint Hotel Köln **[101 E3]**
Wolf Hönigs hat das Hotel in der Altstadt 1999 umgebaut. Auch die einst muffige Kneipe ist einem hellen Bistroraum zum Frühstücken gewichen. Die Zimmer sind recht klein, aber modern und freundlich eingerichtet. *18 Zi., Lintgasse 7, Tel. 92 05 50, Fax 920 55 55, www.lint-hotel.de, Bahnen und Busse: Dom/Hbf. oder Heumarkt*

Renaissance Köln Hotel **[100 A2]**
Mit Glück nächtigen Sie für 99 Euro in dem eleganten Ambiente, und in der Bar läuft Ihnen ein HipHop-Star über den Weg, der gerade bei einem TV-Sender gastiert. 2 km vom Dom, nahe der Vergnügungsmeile und der Geschäftszentren. *236 Zi., Magnusstr. 20, Tel. 203 40, Fax 203 47 77, www.renaissancehotels.com/cgnrn, U-Bahnen: Friesenplatz*

HOTELS €

Algarve **[102 C4]**
An einer Ausfallstraße, nah beim Stadtgarten und Westbahnhof. *11 Zi., Venloer Str. 196, Tel. 51 83 31, Fax 52 38 29, U 3, 4: Piusstraße*

Alt Deutz **[104 C5]**
Elke Bosbach führt das Familienhotel mit jugendlichem Touch und gibt sich vor allem beim Frühstücksbuffet viel Mühe. *23 Zi., Graf-Gessler-Str. 13–15, Tel. 80 19 39 90, Fax 81 46 41, www.hotelaltdeutz.de, Bahnen und Busse: Bahnhof Deutz/Messe*

Chelsea **[107 D1]**
★ Künstlerhotel mit »Artists in residence«. Die Dachzone hat der Stararchitekt Hartmut Gruhl jüngst in dekonstruktivistischem Stil ausgebaut. Dort sind sieben Luxuszimmer entstanden. Die anderen Zimmer sind einfacher und deshalb billiger. *37 Zi., Jülicher Str. 1, Tel. 20 71 50, Fax 23 91 37, www.hotel-chelsea.de, U-Bahnen: Rudolfplatz, Bus 136, 146: Roonstraße*

Das kleine Stapelhäuschen **[101 F3]**
Das Turmzimmer mit dem alten Flaschenzugkran vermittelt zwar eine rustikal-romantische Stimmung, aber die Architektur des Baudenkmals ist zugleich so eng und winklig, dass wahrlich nicht genügend Platz vorhanden wäre, jedes Zimmer mit Dusche und WC auszustatten. *30 Zi., Fischmarkt 1, Tel. 25 77 86 23 oder 272 77 77, Fax 257 42 32, www.koeln-altstadt.de/*

stapelhäuschen, Bahnen und Busse: Heumarkt

Hotel Arkadia **[105 E3]**
Rustikal-gemütliches Hotel garni in Messenähe. *32 Zi., Gauss-Str. 29–31(Deutz), Tel. 88 30 31, Fax 88 10 49, www.hotel-arkadia.de, U 3, 4: Stegerwaldsiedlung*

Hotel Regina **[102 A3]**
★ In Ehrenfeld mit seinen Szenekneipen und seinem multikulturellen Flair. Liebevoll-familiäre Führung, Parkplatz im Hof. 5 Stationen bis Friesenplatz. *17 Zi., Vogelsanger Str. 273, Tel. 954 42 60, Fax 954 42 66, www.regina.de, U 3, 4: Äußere Kanalstraße*

Hotel Rheinblick **[0]**
★ Kleines Haus mit plüschig-familiärer Atmosphäre am Rhein. Hallenbad, Sauna. Schöner Wintergarten als Frühstücksraum.Wegen der dezentralen Lage eher für PKW-Reisende (Garagen). *16 Zi., Uferstr. 20 (Rodenkirchen), Tel. 30 12 82, Fax 39 21 39, Bus 130: Uferstraße*

Hotel Santo **[104 A3]**
Designerhotel nahe der Musikhochschule, 10 Min. Fußweg vom Hauptbahnhof. *70–280 Euro, 69 Zi., Dagobertstr. 22, Tel. 913 97 70, Fax 913 97 77 77, www.hotelsanto.de, Bahnen und Busse: Ebertplatz*

Hotel Thomas **[0]**
In Heimersdorf 200 m von der S-Bahn entfernt (12 Min. Fahrzeit bis Dom/Hbf.). Funktionale Einrichtung. Alle Zimmer mit ISDN. *32 Zi., Volkhovener Weg 176, Tel. 979 40 30, Fax 79 56 80, www.hotel-thomas.de, S 11 Richtung Neuss: Volkhovener Weg*

Hotel Weber **[100 B5]**
Kleines Familienhotel, verkehrsgünstige Lage zwischen Neumarkt und Univiertel. *27 Zi., Jahnstr. 22, Tel. 27 22 99 50, Fax 272 29 95 40, www.hotelweber.de, U-Bahnen: Zülpicher Platz*

Im Kupferkessel **[100 B1]**
Ein persönlich-familiär geführtes einfaches, aber gepflegtes Hotel nahe St. Gereon. Für die Lage ist es spottbillig. *13 Zi., Probsteigasse 6, Tel. 270 79 60 , Fax 27 07 96 29, www.im-kupferkessel.de, U-Bahnen: Christophstraße/Mediapark*

FÜR JUNGE LEUTE

Jugendherberge Köln-Deutz **[104 C5]**
22,50 Euro für DJH-Mitglieder, 35 Euro für Nichtmitglieder bis 26 Jahre, ab 27 Jahre 43 Euro. *506 Betten, Siegesstr. 5, Tel. 81 47 11, www.koeln-deutz.jugendherberge.de, Busse 153, 170, 250, 260 und U 1, 4, 9, 14: Bahnhof Deutz/Messe*

Station Hostel and Bar **[101 F4]**
Knallig-bunte Wände, Bar, Leihfahrräder. Von 16 Euro im Fünfbettzimmer bis 28 Euro im Einzelzimmer plus 1,50 Euro für Bettwäsche. *17 Zi., Rheingasse 34–36, Tel. 23 02 47, station2@hostel-cologne.de, Bahnen und Bus 132: Heumarkt*

Station Hostel for Backpackers **[101 D1]**
Heiter gestaltete, einfache Zimmer. Von 16 Euro im Sechsbettzimmer bis 35 Euro im Einzelzimmer mit Bad. *16 Zi., 59 Betten, Marzellenstr. 44–48, Tel. 912 53 01, Fax 912 53 03, station@hostel-cologne.de, Bahnen und Busse: Dom/Hbf.*

Tanzen, Trinken, Theater

Von der Studentendisko bis zur Travestiebühne bietet Köln Unterhaltung für jeden Geschmack

»Drink doch ene met, stell sich nit esu an« (Trink doch einen mit, stell dich nicht so an), heißt es in einem Song der Bläck Fööss. Rheinländer verlegen ihr Wohnzimmer gern in die Kneipe.

An Erlebnisgastronomie hat die Stadt jedoch nicht nur kölsche Brauhausfolklore zu bieten, sondern auch eine Clubkultur von der jazzigen Cocktailbar bis zu jenen Orten, an denen Drums and Bass, Latin Salsa, House, Soul oder Funk aus den Boxen schallt.

Im Innenstadtbereich finden Sie gleich mehrere Kneipenviertel. Das Martinsviertel (Altstadt) wartet mit dem Üblichen auf, darunter auch jede Menge Rambazamba. Die Studentenkneipen des »Kwartier lateng« sind zwischen Rathenauplatz und Luxemburger Straße angesiedelt. Die meisten Diskos finden Sie auf dem Ring in der Nähe des Friesenplatzes, und nicht weit davon haben sich entlang der Friesenstraße schicke Trendlokale mit Tapas, Sushi und Cocktails angesiedelt.

Da Kölner ihr Viertel nicht gern verlassen, gibt es auch in Vororten wie Nippes und Ehrenfeld ein gastronomisches Umfeld, das den Weg ins Zentrum erspart. Vor allem Ehrenfeld hat sich in den letzten Jahren zum Künstler- und Szeneviertel entwickelt. Die Südstadt war in den 1980er- und 90er-Jahren Inviertel, und aus der Zeit halten sich einige Szenekneipen am Ubierring und in der Alteburger Straße.

Kölns Gay Community hat ihre Szenekneipen im Viertel zwischen Waidmarkt und Heumarkt.

Alter Wartesaal: Hier ist das Ambiente wilhelminisch

DISKOTHEKEN & CLUBS

Alter Wartesaal [101 E2] Insider Tipp

Schick gestyltes Publikum. Eintritt und Getränke sind nicht gerade billig und die Türsteher treffen eine knallharte Auslese. Dennoch beste Adresse für Black Music, Soul- und Housepartys. *Sa 22–5, Mo 23–5, sonst je nach Veranstaltung, Hauptbahnhof (rechts vom Haupteingang Bahnhofsvorplatz), Tel. 91 28 85 14, Bahnen und Busse: Dom/Hbf.*

Apropo [108 A2]

Die ehemalige Striptease-Bar hat ihr samtiges 60er-Jahre-Flair bewahrt. Heute gibt's hier Funk, Soul und Disko. *Do–Sa ab 22 Uhr, sonst je nach Veranstaltung, kein Tel., Im Dau 17, U 3, 4: Severinstraße*

In der Philharmonie beeindruckt nicht nur die Musik

Artheater **[102 C3]**
Macht mittlerweile hauptsächlich als Technotempel von sich reden. House- und Electronicpartys. *Café tgl. ab 18 Uhr, Club Di 21–2 Uhr, Fr je nach Veranstaltung, Sa 23–5 Uhr, Ehrenfeldgürtel 127, Tel. 550 33 44 und 550 99 60 (Abendkasse), U 3, 4: Venloer Straße/Ehrenfeldgürtel, Busse 141, 142: Ehrenfeldgürtel*

E-Werk **[O]**
Das ehemalige Elektrizitätswerk ist heute Ort für Livekonzerte, Comedy und Partys. Jeden Fr und Sa Disko. *Fr, Sa 22–5 Uhr, Schanzenstr. 37 (Mülheim), Tel. 96 27 90, U 4: Keupstraße, U 15, 16: Wiener Platz*

Klein Köln 02 VIP **[100 A2]**
★ Ableger der legendären Boxerkneipe in einem ehemaligen Spielsalon. In den Tanztempel mit Musik für Leute ab 30 Jahren haben nicht nur VIPs Zutritt! *Fr, Sa 22–6 Uhr, Klapperhof 50, U-Bahnen: Friesenplatz*

Live Music Hall **[102 B3]**
Livekonzerte im Independent- und Elektronicbereich, Dance Partys, und zwar Mi, Fr, Sa unter verschiedenen musikalischen Mottos. *Mi ab 20, Fr ab 21, Sa ab 22 Uhr, Lichtstr. 30, Tel. 954 29 90, U 3, 4: Venloer Straße/Ehrenfeldgürtel, Busse 141, 142: Ehrenfeldgürtel*

Nachtflug **[100 A2]**
Ziemlich großes Lokal, und wie in den meisten Diskos ist hier erst ab Mitternacht etwas los. *Di ab 22 Uhr, Fr, Sa ab 23 Uhr, Hohenzollernring 89–93, Tel. 510 22 29, Bahnen und Busse: Friesenplatz*

Prime Club **[107 D2]**
Liverock und Disko mit recht unterschiedlicher Musik, moderate Getränkepreise, immer ziemlich voll. Samstags »Primel Party« für

Leute zwischen 18 und 25 Jahren. *Mi 21–3 Uhr, Fr, Sa ab 22 Uhr, sonst je nach Veranstaltung, Luxemburger Str. 40, Tel. 92 44 60, U-Bahnen: Barbarossaplatz*

Rose Club **[107 E2]**
Indie-Pop-Club für ein Publikum im Alter von 20 bis 25. Die Getränkepreise sind im Vergleich zu anderen Clubs relativ günstig. *Di/Mi und Fr/Sa 22–4 Uhr, Tel. 240 82 66, Luxemburger Str. 37, Bahnen und Busse: Barbarossaplatz*

Underground **[102 B3]**
Biergarten. Großer, nüchterner Barraum, zwei Konzerträume, und ringsum haben sich überall Graffitikünstler ausgetobt. Das Ambiente ist etwas angejahrt, die Musik aber immer topaktuell. *Biergarten ab 17 Uhr, Innenräume ab 19 Uhr, Konzerte ab 20 Uhr, Mo–Do bis 2 Uhr, Fr/Sa bis 4 Uhr, Vogelsanger Str. 200, Tel. 54 23 26, U 3, 4: Venloer Straße/Ehrenfeldgürtel, Busse 141, 142: Ehrenfeldgürtel*

JAZZ

Loft **[102 C3]**
Jazz und neue Musik. *Öffnungszeiten variieren, Wissmannstr. 30, Tel. 952 15 55, U 5: Liebigstraße*

Melody Piano Bar **[106 B1]**
Gutbürgerliches, elegantes Publikum zwischen 35 und 50. Manchmal spontane Livesessions. *Di–Do 19.30–2, Fr, Sa 19.30–3 Uhr, Dürener Str. 169, Tel. 40 82 36, Bus 136: Karl-Schwering-Platz, U 2, 13: Dürener Straße/Lindenthalgürtel*

Stadtgarten **[103 D4]**
Jazzfestivals und -Konzerte. *Cafébetrieb So 10.30–1 Uhr, Mo–Do 12–1 Uhr, Fr, Sa 12–2 Uhr, Venloer Str. 40, Tel. 95 29 94 21, Bahnen und Busse: Hans-Böckler-Platz*

KLASSIK

Kölner Philharmonie **[101 E2]**
★ Gastspiele von internationalen Klassikstars, große Konzerte des

MARCO POLO Highlights »Am Abend«

★ **XX-Dos Equis**
Passendes Motto einer Kneipenausstellung: »Trinken als Chance« (Seite 76)

★ **Klein Köln 02 VIP**
Tanzmusik für Leute ab 30 mit BAP, 80er-Jahre-Oldies und Schlagern (Seite 72)

★ **Atelier-Theater**
Kurzweil mit Kabarett und Comedy (Seite 76)

★ **Senftöpfchen**
Hier treten die bekanntesten Stars der Kabarettszene auf (Seite 77)

★ **Kölner Philharmonie**
Architektur, Akustik und Musikprogramm sind ein Hochgenuss (Seite 73)

★ **Rosebud**
Mehrfach ausgezeichnete Cocktailbar (Seite 75)

Gürzenich-Orchesters und des Kölner Rundfunksinfonieorchesters, außerdem stehen Kammermusik und Liederabende auf dem Programm. Vorbestellungen: *Tel. 28 02 80, www. koelner-philharmonie.de.* Kartenvorverkauf im Köln Ticket-Laden Roncalliplatz. *Bischofsgartenstr. 1, Tel. 28 02 80, Bahnen und Busse: Dom/Hbf.*

Musikhochschule Köln [104 A3–4]
Konzerte und Musiktheater. Der Eintritt ist fast immer frei. Programmaushang im Foyer. *Dagobertstr. 38 (Eingang Unter Krahnenbäumen), Tel. 912 81 80, U-Bahnen: Breslauer Platz*

LITERATUR

Literaturhaus Köln [103 E3]
Lesungen, Rezitationen, Präsenzbibliothek. *Im Mediapark 6, Tel. 57 43 73 20, www.literaturhaus-koeln.de, U-Bahnen: Christophstraße/Mediapark*

MUSICAL

Musical Dome [101 F1–2]
Das blaue Musicalzelt neben der Hohenzollernbrücke können Sie nicht übersehen. *Breslauer Platz/Goldgasse 1, Tel. 018 05 15 25 30, www.musical-dome-koeln.de, U-Bahnen: Dom/Hbf. oder Breslauer Platz*

NACHTCLUB

Hotel Timp [101 E4]
Die absolut schrille Travestieshow mit Conferencier Willy beginnt immer Punkt 1 Uhr nachts. Gemischtes Publikum, gute Stimmung. *Tgl. 11–4 Uhr, Heumarkt 25, Tel. 258 14 09, Bahnen und Busse: Heumarkt*

SZENELOKALE

A 11 [103 D6]
Freundlich eingerichtete Cocktailbar für Gäste von 30 bis 40 Jahren. Nach Galerievernissagen Treff der Kunstszene. *Tgl. 20–3 Uhr, Aachener Str. 11, Tel. 337 79 17, Bahnen und Busse: Rudolfplatz*

Alcazar [103 D5]
Publikum von 30 bis 50 Jahren. Alt-68er und jüngere Medienkünstler. *Mo–Do 12–2 Uhr, Sa 18–3 Uhr, So 17–1 Uhr, Bismarckstr. 39, Tel. 51 57 33, U-Bahnen: Friesenplatz*

Arkadia Bar [100 A–B2]
In der einstigen Rotlichtbar trinken heute Studenten ihr Kölsch. Dahinter kann man sich auf der Tanzfläche zu Soul und Funk austoben. *So–Do 20–2 Uhr, Fr, Sa 2–3 Uhr, Friesenstr. 52, Tel. 139 26 50, Bahnen und Busse: Friesenplatz*

Backes [108 A3]
Zwischen den bunt bemalten Wänden tummeln sich Stunksitzungs-Komödianten, Krimi-Autoren und die Legenden der Alternativszene. *Mo–Fr 17–3 Uhr, Sa/So 20–3 Uhr, Darmstädter Str. 6, Tel. 31 11 67, Bahnen und Busse: Chlodwigplatz*

Blue Shell [107 E1]
Die New-Wave-Bude im 80er-Jahre-Look mit Billardtisch und Neonbeleuchtung diente als Kulisse für ungezählte Fernsehkrimis. *Mo–Do 19–2 Uhr, Fr, Sa 19–3 Uhr, im Sommer ab 17 Uhr draußen, Luxemburger Str. 32, Tel. 23 12 48, U-Bahnen: Barbarossaplatz*

Filmkunsttheater

Kinostadt Köln

Als Medienstadt hat Köln natürlich auch alle Facetten der Kinokultur zu bieten, von den Blockbustern im Multiplex-Kino *Cinedom (Mediapark, tel. Kartenreservierung 95 19 51 95, tel. Programmansage 95 19 51 93, U-Bahnen: Christophstr./Mediapark,* **[103 E4]***)* bis hin zu anspruchsvollen Erfolgsfilmen, die im *Odeon (Severinstr. 81, Tel. 0221 / 31 31 10, U 3, 4: Severinstraße,* **[108 A2]***)* oder im *Weißhaus Kino (Luxemburger Str. 253, Tel. 41 84 88, U 18, 19: Sülzburgstraße,* **[107 D3]***)* gezeigt werden.

Durst **[104 A3]**
Der Name ist Programm, die Musik ist laut, hart und schnell, das Interieur wohlig-abgewetzt. *So–Do 20 bis 2, Fr 20–3, Sa 15–3 Uhr, Weidengasse 87, Tel. 136366, U-Bahnen: Hansaring*

Insider Tipp
Fiffi Bar **[108 A3]**
Die Drinks heißen »Waldi«, »Tollwut« und »Sitzplatzfußfassaus«. Die Kneipe ist mit Wackeldackeln und Jagdhundfotos als umwerfend skurilles Hundeparadies dekoriert. *So–Do 21–1 Uhr, Fr, Sa 21–3 Uhr, Rolandstr. 99, Tel. 340 62 11, U-Bahnen: Chlodwigplatz*

Klein Köln **[100 B2]**
Früher Treff von Boxsportlern und ihren hart gesottenen Fans aus der Halbwelt, wie die Fotos an den Wänden dokumentieren. Die wilden Jahre sind aber vorbei. Doch ein bisschen kölsches Milieu spürt man immer noch. *Fr, Sa 20–4.30, So–Do 22–4.30 Uhr, Friesenstr. 53, Tel. 25 36 76, U-Bahnen: Friesenplatz*

Lotte Haifischbar **[100 A2]**
Ungezwungene Atmosphäre bei Cocktails mit Namen wie »Hafenschlampe« und »Große Freiheit«. Der Plastikfisch zeigt, wie man sich im Rheinland die Dekoration einer Hamburger Matrosenkneipe vorstellt. *Mo–Sa 20–5 Uhr, So 21–5 Uhr, Im Klapperhof 41, Tel. 13 13 35, U-Bahnen: Friesenplatz*

Low Budget **[103 D6]**
Warum diese Kneipe so heißt? Außer fahler Beleuchtung, Tequila vom Fass, Bier und Musik gibt es hier nichts. Dennoch ist der Laden am Wochenende immer voll. *Tgl. ab 20 Uhr, Mo–Do bis 2 Uhr, Fr/Sa bis 3 Uhr, So bis 1 Uhr, Aachener Str. 47, U 1: Moltkestraße*

Rosebud **[100 A6]**
★ Kölns eleganteste Cocktailbar. Interieur und Mixer haben mehrfach Auszeichnungen gewonnen – und das schlägt sich in den Preisen nieder. *Mo–Do 20.30–2 Uhr, Fr, Sa 21–3 Uhr, So 21–2 Uhr, Heinsbergstr. 20, Tel. 240 14 55, U-Bahnen: Zülpicher Platz*

Roxy **[100 A3]** Insider Tipp
Szenewirt Horst Leichenich zehrt davon, dass bei ihm einst mancher Kölner Künstler seine Zeche mit Bil-

Angesagte Kneipe im Amüsierviertel Kölns: XX-Dos Equis

dern bezahlte. Einige dieser früheren Gäste sind heute weltberühmt. Das Roxy ist immer gut für einen Absacker morgens um drei. *So, Di, Mi 24–5 Uhr, Do–Sa 24–6 Uhr, Aachener Str. 2, Tel. 25 19 69, U-Bahnen: Rudolfplatz*

Schabulski's **[102 B2]**
Einmal im Monat finden hier Krimilesungen statt. Kleine warme Gerichte. *Mo–Sa 18 Uhr – open end, Subbelrather Str. 269, Tel. 02133/609 01, U 5: Subbelrather Straße/Gürtel*

Six Pack **[103 D6]**
Schnörkellose, etwas abgewetzte Einrichtung, gute Musik, gutes Bier, und zwar eine reichhaltige Auswahl. Am Wochenende immer ziemlich voll. *Tgl. 21–3 Uhr, Aachener Str. 33, Tel. 25 45 87, U-Bahnen: Rudolfplatz*

Weißer Holunder **[103 D4]**
Wirt Karl Schiesberg predigte schon mal in der Christuskirche, während der Pfarrer hinter der Theke stand und Bier zapfte. Das originale 50er-Jahre-Interieur sollten Sie gesehen haben! *Mo–Do 16–1 Uhr, Fr 16–2 Uhr, Sa 11–2 Uhr, So 11–24 Uhr, Gladbacher Str. 48, Tel. 51 34 75, U-Bahnen: Christophstraße/Mediapark*

XX-Dos Equis **[100 A2]**
★ Früher ein Bordell, heute Künstler- und Szenekneipe mit nur geringfügig verändertem Interieur. Hinten durch landet man im Biergarten namens *Lover's Club,* der im Winter überdacht und beheizt ist. *Tgl. 21–5 Uhr, Friesenstr. 62, Tel. 13 38 98, U-Bahnen: Friesenplatz*

THEATER & KABARETT

Anfang 2002 zählte man in Köln 60 Theater – so viele Bühnen hat in Deutschland sonst nur Berlin aufzuweisen. Alle Bühnen der Stadt Köln haben eine zentrale Telefonnummer: *221 22 84 00 (Mo–Fr 9–18 Uhr, Sa 9–14 Uhr).*

Atelier-Theater **[107 D1]**
★ Hier begann der TV-Star Tom Gerhard seine Blödelkarriere. Kleinkunst mit Kabarettisten. *Roonstr. 78, Tel. 24 24 85, U-Bahnen: Zülpicher Platz*

Comedia Colonia **[101 E6]**
Chansons, Comedy und Kabarett. Kindertheater. *Löwengasse 7–9,*

Tel. 399 60 10, Bahnen und Busse: Severinstraße

Eifelturm-Theater **[107 E2]**
Kabarett mit Michi Kleiber und andere Comedyshows. *Eifelstr. 33, Tel. 32 17 92, www.eifelturm-koeln.de, U 12: Eifelplatz*

Freie Kammerspiele Köln **[102 C4]**
Moderne Theaterstücke. *Thebäer Str. 17, Tel. 952 44 54, U 3, 4: Körner Straße*

Klüngelpütz-Ensemble **[100 B3]**
Kabarett mit dem Hausensemble Kölner Filz und Gastspiele. *Gertrudenstr. 24, Tel. 257 83 60, Bahnen und Busse: Heumarkt*

Oper der Stadt Köln **[100–101 C–D3]**
Klassische und moderne Opern. *Offenbachplatz, Tel. 22 12 82 48 (Abendkasse), U-Bahnen: Appellhofplatz*

Schauspielhaus **[100–101 C–D3]**
Große Sprechbühne mit klassischem und modernem Repertoire. *Offenbachplatz, Tel. 22 12 82 52 (Abendkasse), U-Bahnen: Appellhofplatz*

Senftöpfchen **[101 E2]**
★ Erstklassige Shows und Soloabende u. a. mit Konrad Beikircher, Robert Kreis. Die Kabarettbühne finanziert sich zum großen Teil über den Getränkeverkauf; daher ist eine Flasche Wein nicht ganz billig. *Große Neugasse 2–4, Tel. 258 10 58, Bahnen und Busse: Dom/Hbf.*

Theater im Bauturm e.V. **[102 D6]**
Anspruchsvolles Unterhaltungstheater mit zeitgenössischen Stücken. *Aachener Str. 24, Tel. 52 42 42, Bahnen und Busse: Rudolfplatz*

Volkstheater Millowitsch **[102 D6]**
Peter Millowitsch inszeniert eigene, zeitnahe Schwänke in eingekölschtem Hochdeutsch. Gründer war Puppenspieler Franz Andreas Millowitsch. Als Konkurrent zum Hänneschen-Theater musste er zunächst nach Deutz ausweichen. Um 1900 ersetzten Schauspieler die Puppen. *Aachener Str. 5, Tel. 25 17 47, Bahnen und Busse: Rudolfplatz*

Ein Abend zum Lachen

Das Hänneschen-Theater ist Deutschlands einzige Stockpuppenbühne

Nachmittags bietet man Kinderstücke, abends Vorstellungen für Erwachsene in kölscher Mundart. Die witzigen und zeitkritischen Inszenierungen sind immer einen Besuch wert, auch wenn Sie nicht jedes Dialektwort verstehen. Auswärtige lachen ebenfalls Tränen über die burlesken Szenen mit Tünnes, Schäl, Speimanes (spuckender Hermann) und dem stets veralberten preußischen Schutzmann. **[101 F3]** *Tageskasse Mi–So 13.30–18 Uhr, Eisenmarkt 2–4, Tel. 258 12 01, Bahnen und Busse: Heumarkt*

Kirchen, Kunst und Kallendresser

Die Spaziergänge sind in der Karte auf dem hinteren Umschlag und im Cityatlas ab Seite 100 grün markiert

1 AUF DEN SPUREN DES MITTELALTERS

Die Zeit der Hanse, der reichen Handwerkerzünfte und der mächtigen Kaufmannsgilden, die Zeit des »hillije Kölle« mit seinen Kirchen und Klöstern: Kölns einstige Blütezeit ist auch im heutigen Stadtbild noch zu erkennen. Dauer: Etwa 2 Std. brauchen Sie für den historischen Rundgang. Start: Dom/Hbf. [101 E2]

Stimmen Sie sich mit der Betrachtung eines spätgotischen Bürgerhauses ein. Das *Haus Saaleck (Am Hof 50)* mit seinen markanten Eckbetonungen ist eine originalgetreue Rekonstruktion.

Durch Unter Taschenmacher und die Bürgerstraße gelangen Sie zum *Rathaus (S. 22)*. Sollte es gerade 12 oder 17 Uhr sein, hören Sie von weitem schon das Glockenspiel vom spätgotischen Turm. Die reich dekorierte Laube vor der Hauptfront des Rathauses (1569–1573) ist ein bedeutendes Beispiel für die Renaissancearchitektur im Rheinland. Innen hängt eine moderne Bildplastik von Hann Trier, im Volksmund »Et Plümo« (Die Bettdecke) genannt. Auf dem Platz befinden sich unter einer Glasabdeckung die Reste der *Mikwe (S. 21)*.

Wenn Sie an der anderen Seite des Platzes Unter Goldschmied überquert haben, führt Sie eine Passage in den Gebäudekomplex *An Farina*. In dessen Nachbarschaft begann Johann Maria Farina 1709 mit der Kölnisch Wasser-Produktion. Im Hof erzählen die Figuren von Anneliese Langenbach am *Frauenbrunnen*, wie sehr seit dem Mittelalter auch die Frauen den Wohlstand Kölns mitgefördert haben.

Ein paar Schritte weiter nach Süden erinnert der Name des Gülichplatzes an den Kölner Wein- und Bandwarenhändler Nikolaus Gülich. Er führte eine Rebellion gegen Korruption und Amtsmissbrauch im Rathaus an und wurde 1686 hingerichtet. Auswüchse des sprichwörtlichen Klüngels gab es also schon vor 320 Jahren. Vor dem *Haus Neuerburg* (Gülichplatz 3) steht der *Fastnachtsbrunnen (S. 23)* von Andreas Grasegger.

Hinter dem *Wallraf-Richartz-Museum (S. 43)* gemahnt die *Ruine St.*

Vom Rathhausturm erklingt um 12 und 17 Uhr ein Glockenspiel

Alban (S. 22) mit der Kopie einer Käthe-Kollwitz-Skulptur an die Zerstörungen des Zweiten Weltkriegs.

Über die Gürzenichstraße und die Hohe Straße gelangen Sie zur Pipinstraße. Sie überqueren diese und gehen dann nach links, biegen an der nächsten Ecke in die Kasinostraße ab. In dem alten *Äbtissinnenhaus* (Haus Nr. 3) hat von 1804 bis 1808 der Romantiker Friedrich Schlegel gelebt.

Genau gegenüber liegt der Eingang von *St. Maria im Kapitol (S. 28)*. Im rechten Seitenschiff sehen Sie die Überreste eines Wals, und in der Ostkonche steht auf einem Pfeilerkapitell die Hermann-Josef-Madonna. Der Legende nach hat Hermann-Josef, ein Schusterjunge aus der Nachbarschaft, der Madonna einen Apfel für das Jesuskind gereicht, den sie auch angenommen haben soll. Noch heute legt man ihr wegen dieses Wunders als Opfergabe Äpfel zu Füßen.

Wenden Sie sich am Ausgang nach links zum Marienplatz. Wiederum linker Hand führt der Weg am *Haus Nr. 13* mit seiner wunderschönen neoromanischen Fassade vorbei zum *Dreikönigspförtchen* (um 1310), dem einzig erhaltenen Immunitätstor Kölns. Im Immunitätsbezirk dahinter galt nur kirchliches Recht. Hinter dem Tor liegt der idyllische Lichthof mit der *Totenmalskulptur* von Gerhard Marcks (1949). Eine Treppe führt über die Plectrudengasse zum Malzbüchel. Dort mündet auf der anderen Seite die Rheingasse ein. Haus Nr. 8 ist der einzige original erhaltene romanische Profanbau: das *Overstolzenhaus (S. 21)*.

Wenden Sie sich wieder nach Norden, Richtung Dom. Auf dem Heumarkt steht ein *Reiterstandbild* für den preußischen König Friedrich Wilhelm III. (1878). Bezeichnend für den unmilitärischen Geist der Kölner: Von den 16 Sockelfiguren stellen nur sechs preußische Generäle dar, die restlichen sind Bürger in Zivil, darunter auch Reformpolitiker und Liberale.

Das nördliche Platzende akzentuiert mit der Adresse Heumarkt 77 der Renaissancebau *Zum St. Peter* (1568). Eine Petrusstatue weist auf den Namen des Hauses.

In der Straße Unter Käster wohnten früher die Kistenmacher. Sie führt zum Alter Markt, wo Sie sich nun bestimmt eine Pause in einem der vielen Terrassencafés gönnen möchten.

2 STATIONEN KÖLSCHER EIGENART

Die Kölner haben ihnen Denkmäler gesetzt und Brunnen gestiftet – den Helden und Filous der Stadt, und sie haben so auch ihre Neigung zu deftigem Mutterwitz dokumentiert. Was diese Plastiken und Inschriften erzählen, vermittelt Ihnen ein sinnliches Bild der Mentalität und Identität der Einheimischen. Dauer: etwa 1 Std. Start: Am Hof [101 E2], U-Bahnen Dom/Hbf.

Paradiesische Zustände im alten Köln illustriert der *Heinzelmännchen-Brunnen (S. 23)*. Oben auf der Treppe sehen Sie die Schneidersfrau, deren Neugier die fleißigen Zwerge für immer vertrieben hat.

Auf dem Alter Markt steht der *Jan-von-Werth-Brunnen (S. 23)*. An Weiberfastnacht wird am Severinstor »Dat Spill vun Jan un Griet« aufgeführt. Anschließend führt ein Umzug zum Denkmal auf dem Alter Markt.

An den Gebäuden ringsum geht es recht drastisch zu. Am *Rathausturm* *(S. 22)* streckt der Platzjabbeck dem Betrachter die Zunge heraus. Jabbeck bedeutet japsen oder schnappen, Beck bedeutet Maul. Eine solche Figur gab es schon im 16. Jh.; die jetzige entstand 1975 nach einer historischen Vorlage.

Nicht die Zunge, sondern das Gesäß entblößt an der Dachtraufe des Hauses *Em Hanen* (Alter Markt 24) der Kallendresser (Dachrinnenscheißer). Einst soll sich ein Marktdieb hier auf kirchliches Terrain geflüchtet haben, wo ihn die städtische Polizei nicht mehr verfolgen durfte und sich stattdessen auf diese höchst derbe Weise veralbern lassen musste. Wegen der U-Bahnarbeiten müssen Sie bis 2010 hier mit Behinderungen rechnen.

Das *Martinspförtchen* führt zur Rückseite dieses Hauses, dessen Besitzer Jupp Engels seine Mitbürger mit zwei anderen Skulpturen bedachte. Die *Schmitz-Säule* informiert darüber, dass sich hier einst die Römer mit den Ubiermädchen trafen und den Stammbaum der Familie Schmitz begründeten, die im Telefonbuch acht Seiten füllt.

Die Helden unzähliger kölscher Witze ehrt das *Tünnes-und-Schäl-Denkmal (S. 23)*. Kostprobe: Tünnes sitzt am Rhein und rupft vier geklaute Hühner. Als er sieht, dass ein Schutzmann kommt, wirft Tünnes die Hühner ins Wasser. Der Polizist deutet auf die herumliegenden Federn und ruft triumphierend: »Da habe ich ihn ja erwischt, den Hühnerdieb!« Darauf Tünnes: »Enä, Här Wachtmeister, wieso dat dann? Sie sehen doch, die Hühner sin am Baden un ich passe auf die Klamotten auf«.

Willy-Millowitsch-Denkmal

Über die Lintgasse und den Buttermarkt gelangen Sie zum *Rote-Funken-Plätzchen.* Es ist den Stadtsoldaten gewidmet, die 1794 die napoleonischen Truppen mit den Worten empfingen: »Hört mit der Schießerei auf! Seht ihr denn nicht, dass hier Menschen stehen?« Dass sie seit 1823 eine Karnevalstruppe sind, erklärt die Inschrift mit dem Funkeneid: »Bei Öllig, Böckem, ähde Nötz un bei der rut-wieß Funkemötz beim hölze Zabel un Gewehr well treu ich sin dem Fasteleer ...« (Bei Zwiebel, Hering, irdener Pfeife und bei der rot-weißen Funkenmütze beim hölzernen Säbel und Gewehr will treu ich sein dem Karneval). Wer in der Kölner Gesellschaft etwas werden will, ob als Politiker oder Geschäftsmann, muss Mitglied in einem Karnevalsverein sein.

Stufen führen zur Gasse Auf dem Rothenberg. Von der Salzgasse gelangen Sie durch die schmale Tipsgasse zum Eisenmarkt, wo man vor dem Hänneschen-Theater dem 1999 verstorbenen Volksschauspieler *Willy Millowitsch* ein Denkmal gesetzt hat. Im Mai findet auf dem Platz die Hänneschen-Kirmes statt.

Zurück zur Salzgasse: Ein Stückchen weiter oben leitet Sie ein anderer Durchgang zum *Ostermann-Brunnen (S. 24)* mit Figuren aus den Liedern des Volkssängers.

Wenn Sie typisch kölsche Erinnerungen mit nach Hause nehmen möchten: In seinem *Karnevalsmuseum* (Unter Käster 12) hat Hans Jürgen Knopek über 10 000 Orden gesammelt. Insider Tipp Was er an älteren Orden doppelt hat, bietet er auch zum Verkauf an. Den aktuellen Sessionsorden bekommen Sie hier immer (ca. 20 Euro).

3 KUNST- UND BOUTIQUENBUMMEL

Wir zeigen Ihnen, wo Sie Köln als Kunstmetropole erleben, das schrillste Modedesign aus London oder New York kaufen und zwischendurch rheinische Muscheln essen können. Die Bilder- und Shoppingtour dauert mit Zwischenaufenthalten etwa 2 1/2 Std. Start: Dom/Hbf. [101 E2]

Vom Dom aus gehen Sie die Komödienstraße hinauf. An der Ecke zur Tunisstraße treffen Sie auf die Fundamente des römischen *Lysolphturms.* Er ist Teil der antiken Stadtbefestigung. Jenseits der Kreuzung halten Sie sich links vom Gerichtsgebäude, das 1893 im Stil der niederländischen Neorenaissance erbaut wurde. An der Ecke Neven-Du-Mont-Straße/Schwalbengasse liegt die Barockkirche *St. Maria in der Kupfergasse.* Sehenswert: Die Loretokapelle mit dem Gnadenbild der »Schwarzen Mutter Gottes«.

Auf der Neven-Du-Mont-Str. kommen nun die Fans von Altertümern auf ihre Kosten: Vielleicht stöbern Sie die nächste Viertelstunde im *Antiquariat Buchholz (S. 55)* in den Folianten oder taxieren beim *Kölner Münzkabinett* oder bei *Antiquitäten Katebi* byzantinische Geldstücke, römische Öllampen, Amphoren, Kruzifixe. Und wenn Sie sich ein 1700 Jahre altes Ärztebesteck anschauen, stärkt das gewiss Ihr Vertrauen in den Fortschritt.

An der nächsten Ecke lockt die Einkaufspassage *Du-Mont-Carré.* Folgen Sie der Breite Straße nach rechts. Den Leckereien von *Printen Schmitz (S. 57)* können Sie bestimmt nicht widerstehen. Der Juwelier *Peter Güls (Breite Str. 97)* bietet Geschmeide exklusiver Nobelmarken und eigene Entwürfe an.

Lust auf Muscheln? Im rustikalen *Bieresel (S. 46)* gibt es im Winter zwei Dutzend verschiedene Varianten (hinten im Wintergarten finden Sie fast immer noch einen freien Platz). Insider Tipp Für einen kleinen Bierhappen können Sie auch am Eingang rechts die Schänke ansteuern. Die Atmosphäre dort am Tresen ist urkölsch! Im Sommer nimmt man auch auf der Straßenterrasse Platz und lässt das Großstadttreiben an sich vorüberfluten.

Kunst und Antiquitäten locken in der St.-Apern-Straße und der Albertusstraße. Von den Klassikern wie Eduardo Chillida bei *Stefan Röpke* über Pop-Art-Grafik in der *Galerie Benden und Klimczak* bis zur zeitgenössischen Avantgarde in den Galerien *Brigitte Schenk* und *Reckermann (S. 58)* finden Sie moderne Kunst in allen Preislagen. Junge Fotografen und Designer stellen z. B. in der *Art Galerie 7* aus *(St.-Apern-Str. 7)*. Hundert Meter weiter betreibt auf der anderen Straßenseite auch der schrille Aktionskünstler HA Schult einen eigenen Schauraum. Etablierte Kölner Avantgardekünstler wie Rune Mields und Knopp Ferro zeigt die *Galerie Jöllenbeck.*

Dann schlägt Buchfreunden das Herz höher: *Klaus Bittner* hat seine Regale mit Film- und Theaterliteratur angefüllt. Hier gibt's wirklich alles über Shakespeare und Hollywood. Gegenüber können Sie das phänomenale Gedächtnis von *Walther König* testen. Nennen Sie ihm den Namen irgendeines Malers, und er sagt Ihnen, wo und wann etwas über ihn publiziert wurde.

Dann sollten Sie unbedingt über die Ehrenstraße bummeln. In den Boutiquen und Schuhläden wird alles feilgeboten, was in den Szeneclubs angesagt ist. So schnell wie die Mode wechseln allerdings auch die Namen der Ladenbesitzer. Dazwischen tummeln sich Tattoostudios und Trendfriseure. Doch es gibt auch Beständiges, wie die seit Jahrzehnten hier ansässigen Familienbetriebe *Käse Wingenfeld (S. 57)* und *Bruno Wolkenaer (S. 60)*. Nach dem Farbeneinkauf schlürfen manche Malerstars ihren Espresso direkt gegenüber im *Café Central.*

In der Apostelnstraße schließen sich weitere Traditionsgeschäfte an: Etwa *Filz Gnoss (S. 61)* als Spezialist für Loden und Pantoffeln oder in Haus Nr. 25 die *Bäckerei Balkhausen.* Hier war Konrad Adenauer in den 20er-Jahren Kunde, und noch heute gibt es ein Adenauerbrot zu kaufen. Das Rezept ließ sich Adenauer patentieren. Damit sollten die Kölner die Hungerjahre des Ersten Weltkriegs überstehen.

Wechseln Sie die Straßenseite: Beim Betrachten der Schaufensterauslage von *Wild Geflügel Brock* holen Sie sich Appetit fürs Abendessen. Dann bringt Sie die U-Bahn vom Neumarkt zurück zum Dom.

In der Ehrenstraße können Sie nicht nur in Boutiquen stöbern

HERMAL-
BADEH

Zwischen Ahr und Altbiergrenze

Ein Tagestrip in die Umgebung Kölns führt Sie zu Weinbergen und Windmühlen

DAS AHRTAL

Rund 60 km südlich von Köln liegt eine der schönsten Landschaften der Eifel – die Ahr windet sich zwischen wuchtigen Felsen, tief eingekerbten Waldtälern und lieblichen Weinbergen hindurch. Etwa 45 Min. brauchen Sie über die Aachener Straße und dann vom Kreuz Köln-West über die A 1 und die A 61 bis zur Abfahrt 30 Bad Neuenahr/Ahrweiler. Mit dem Zug fahren Sie bis Remagen und steigen dann in die Regionalbahn um, die alle zwei Stunden bis nach Kreuzberg fährt.

Bad Neuenahr **[111 D5]** ist ein vornehmer Kurort mit penibel gepflegten Parks, Mineral- und Thermalquellen und mit einem Spielkasino. In den *Ahr-Thermen (tgl. 9–23 Uhr, Zweistundenkarte 9,49 bis 9,99 Euro, Felix-Rütten-Str. 3)* erholen Sie sich u. a. mit Schwimmen, Sauna, Wassergymnastik, Aquaaerobic und Massagen.

Entspannung anderer Art bieten in unmittelbarer Nachbarschaft die

Thermalquellen in Bad Neuenahr

Weinbergterrassen im Ahrtal

sechs Säle des *Spielkasinos (tgl. 14–3 Uhr außer an kirchlichen Feiertagen, Automatensäle tgl. 14–2 Uhr, Eintritt 2,50 Euro, Personalausweis erforderlich, Felix-Rütten-Str. 1)* mit französischem und amerikanischem Roulette, Black Jack und Baccara.

Ländlich-romantisch wirkt das benachbarte *Ahrweiler* mit seiner mittelalterlichen Stadtmauer und seinen winkligen Fachwerkhäusern. Hier beginnt Deutschlands größtes zusammenhängendes Rotweingebiet. Das können Sie zu Fuß über den 35 km langen *Rotweinwanderweg* erkunden oder mit dem Auto über die B 267 entlang der Ahr. Der »Walportzheimer Klosterberg« ist vielleicht der bekannteste Wein, aber wenn Sie in *Rech* halten, sollten Sie unbedingt in einem der Weinlokale den gehaltvoll-trockenen »Recher Hardtberg« oder auch den »Recher Berg« probieren. Infos: *Tourismus und Service GmbH Ahr, Rhein, Eifel, Klosterstr. 3–5, 53507 Marienthal, Tel. 02641/ 977 30*

BONN

»In Bonn regnet es oder die Schranken sind zu", lautet ein geflügeltes Wort. Doch auch nach dem Umzug von Regierung und Parlament nach Berlin hat Bonn noch einiges zu bieten, z. B. seine Museumsmeile. Mit der U 16 sind Sie vom Kölner Hbf. in 35 bis 40 Min. in der Bonner Innenstadt. Mit dem Auto sind es über die A 555 ca. 30 km. Sie kommen auch mit der DB bis Bonn Hbf.

Wahrzeichen Bonns **[111 D4]** ist die *Münsterbasilika,* 5 Min. zu Fuß vom Bahnhof entfernt. Sonst ist das historische Bonn durch die Barockzeit geprägt: Als Kurfürst Clemens August 1723 die Regentschaft antrat, ließ er das *Residenzschloss* vollenden, in dem sich seit dem 19. Jh. die Universität befindet. Aus dieser Epoche stammt auch das *Poppelsdorfer Schloss Clemensruhe* (1753), in dem ebenfalls Universitätsinstitute untergebracht sind.

Berühmtester Sohn der Stadt ist bekanntlich Ludwig van Beethoven. Sein *Geburtshaus (Jan.–März und Nov., Dez. Mo–Sa 11–17 Uhr, So 11–17 Uhr, April–Okt. Mo–Sa 10–18 Uhr, So 11–17 Uhr, Eintritt 4 Euro, Führungen tgl. 14.30 Uhr)* liegt in der Bonngasse 20. Von dort sind es nur ein paar Meter zum Marktplatz mit dem barocken *Rathaus* (1737).

Im *Haus der Geschichte (Di–So 9–19 Uhr, Eintritt frei, Willy-Brandt-Allee 14, U 16: Heussallee)* ist die Zeit von 1945 bis 1990 anschaulich dokumentiert: Schwarzmarktzeit, Wirtschaftswunderjahre, 68-er-Generation.

Ein paar Minuten Fußweg in südlicher Richtung liegen das

Im Haus der Geschichte steht auch ein Dienstwagen Konrad Adenauers

Kunstmuseum Bonn (Di und Do–So 10–18 Uhr, Mi 11–21 Uhr, Eintritt 5 Euro) und direkt daneben die *Kunst- und Ausstellungshalle der Bundesrepublik Deutschland,* abgekürzt *Bundeskunsthalle (Di und Mi 10–21 Uhr, Fr 9–19 Uhr, Do, Sa und So 10–19 Uhr, Eintritt 7,50 Euro).* In der ständigen Ausstellung des Kunstmuseums sehen Sie Zeichnungen von August Macke und den rheinischen Expressionisten, die vor dem Ersten Weltkrieg in Bonn lebten. Von Max Ernst enthält die Sammlung etliche Skulpturen. Außerdem sind die Künstler Joseph Beuys, Sigmar Polke und Gerhard Richter vertreten.

Die Bundeskunsthalle zeigt regelmäßig zwei bis drei parallele Ausstellungen zur Kunstgeschichte, zur modernen Kunst und zur Wissenschaft.

Wenn Sie den Platz zur Bundeskunsthalle überqueren: Die 16 Säulen repräsentieren die Bundesländer. Im Sommer baut man auf diesem Museumsplatz oft Bühnen für Openairkonzerte auf oder errichtet ein Theaterzelt: Das Programm kann sich sehen lassen!

Ein anschließender Spaziergang am Rhein bietet Ihnen einen wunderbaren Ausblick auf den Fluss und das Siebengebirge. Südlich des ehemaligen Regierungsviertels liegt der 160 ha große *Freizeitpark Rheinaue.* Von dort aus können Sie das Von-Sandt-Ufer immer weiter nach Süden wandern. Nach etwa 30 Min. erreichen Sie das Ausflugslokal *Bastei (Von-Sandt-Ufer 1, Tel. 0228/368 04 33, €€).* Oder bevorzugen Sie ein erlesenes Ambiente? Vorbei an alten Villen, Ruderclubs und dem Godesberger Schwimmbad sind es noch weitere 30 Min. bis zum *Rheinhotel Dreesen (Rheinstr. 45–49, Tel. 0228/820 20, U 16: Godesberger Bahnhof, €€–€€€)* mit seinem großbürgerlich-wilhelminischen Flair und seiner Gourmetküche.

DRACHENFELS/ SIEBENGEBIRGE

Etwa 45 km südlich und eine knappe Dreiviertelstunde Autofahrt von Köln über die A 59 und die B 42 liegt der Drachenfels. Mit der Bahn (RE 8 oder 18) ab Köln Hbf. erreichen Sie den Bahnhof Königswinter in der gleichen Zeit. Stilecht ist die dreieinhalbstündige Fahrt mit dem Rheindampfer (tgl. von Ende März bis Okt., Hin- und Rückfahrt 22,40 Euro, Abfahrt an der Frankenwerft zwischen Hohenzollern- und Deutzer Brücke, Tel. 208 83 18, www.k-d.com).

Deutschlands nördlichstes Weinanbaugebiet liegt im Siebengebirge. Die Rebstöcke zwischen Königswinter und Rhöndorf bringen den »Drachenfelser Drachenblut« hervor. Ein gemütliches Weinlokal etwas abseits des Rummels ist der *Jesuiter Hof – Weingut Pieper (Hauptstr. 458, Königswinter, Tel. 02223/226 50, €€).*

Doch zunächst empfiehlt sich eine Wanderung durch die Wälder. Benannt ist der nördliche Ausläufer des rheinischen Schiefergebirges nach den sieben höchsten Erhebungen: Ölberg (460 m), Löwenburg (455 m), Lohrberg (435 m), Non-

Schloss Drachenburg

nenstromberg (335 m), Petersberg (331 m), Wolkenburg (324 m) und Drachenfels (321 m).

Die Namen verraten bereits, dass sich jede Menge Sagen, Märchen und Mythen um diese Berge ranken: Wenn Sie z. B. von *Oberdollendorf* aus die Heisterbacher Straße Richtung Oberpleis nehmen, erreichen Sie nach 1,5 km das *Kloster Heisterbach.* An diesem Ort hat der Mönch Maurus der Legende nach 300 Jahre lang geschlafen.

Am *Drachenfels* **[111 D–E4]** soll Siegfried den Drachen erschlagen haben. Wenn Sie zu Fuß nach oben wollen: Die ersten 300 m sind wirklich sehr steil! Gut eine Stunde brauchen Sie bis zum Gipfel. Kindern macht es Spaß, auf dem Esel nach oben zu reiten. Wer's bequemer haben will, nimmt die Zahnradbahn.

Auf halber Höhe des Aufstiegs illustrieren die symbolistischen Gemälde in der *Nibelungenhalle* die Siegfried-Sage. Unmittelbar daneben liegt die *Drachenhöhle* mit einem großen steinernen Drachen und einem *Reptilienzoo (15. März bis 15. Nov. tgl. 10–18 Uhr, während der Sommerzeit bis 19 Uhr, 16. Nov.–14. März Sa und So 11 bis 16 Uhr, Eintritt 3,50 Euro).*

Das *Schloss Drachenburg (Drachenfelsstr. 118, Königswinter-Drachenfels, April–Okt. Di–So 11–18 Uhr)* ist 1884 in neogotischem Stil errichtet und von 1989 bis 2000 gründlich restauriert worden. Ein Rundgang vermittelt Ihnen einen Eindruck der Wohnkultur der Gründerjahre. In der Vorburg des Schlosses ist die *Dauerausstellung der Stiftung Archiv, Forum und Museum zur Geschichte des Naturschutzes in Deutschland (Di–So 11–18 Uhr, Eintritt 2,50 Euro)* untergebracht.

Möchten Sie nun eine kleine Rast einlegen? Auf halber Höhe des Eselsweges liegt das *Winzerhäuschen* mit einer Terrasse *(Mai–Sept. Di–So 11 Uhr bis Einbruch der Dunkelheit, Okt.–April 11–18 Uhr, Tel. 02223/214 69, €€).* Oder Sie warten bis zum Gipfel. Ein paar Schritte von der *Ruine des Bergfrieds* bekommen Sie rustikal-bürgerliche Küche im Restaurant *Auf dem Drachenfels (März und Okt. tgl. 10–17.30 Uhr, April tgl. 10–18.30 Uhr, Mai–Sept. tgl. 9–19 Uhr, Nov. und Feb. tgl. 11–16.30 Uhr, Tel. 02223/219 35, €).* Von der Panoramaterrasse aus haben Sie einen phantastischen Ausblick auf das Rheintal.

ZONS

25 km nördlich von Köln liegt die mittelalterliche Stadt Zons. Wenn Sie dort die Fähre auf die andere Rheinseite nach Urdenbach nehmen, sind Sie schon in einem Vorort von Düsseldorf. Zons markiert die Grenze der rheinischen obergärigen Biersorten, mit denen für die Kölner und die Düsseldorfer jeweils ein Glaubensbekenntnis verbunden ist. Südlich von Zons trinkt man nur das goldgelbe Kölsch, nördlich davon hingegen wird das braune Altbier ausgeschenkt. Zons selbst ist bierneutral: Hier zapfen die Wirte beide Sorten. Auto: A 57 Richtung Neuss, Ausfahrt 25 Dormagen, Ausschilderung folgen. Bahn: S 11 von Köln Hbf. bis Dormagen, Bus 875: Zons.

Im Norden Kölns beginnt geografisch der Niederrhein: Der Strom durchzieht nun eine weite, flache Auenlandschaft mit Backsteingehöften wie in Holland oder Flandern. Alte Windmühlen sind typisch für diese Region. In Zons **[110 C2]** sehen Sie solch ein Exemplar: Einen Eckturm der mittelalterlichen Stadtbefestigung hat man nämlich im 17. Jh. nach dem Vorbild einer holländischen Mühle umgebaut.

Keine andere Befestigungsanlage im Rheinland ist in solch unveränderter Weise erhalten wie die *Umwallung* von Zons, das Erzbischof Friedrich III. von Saarwerden 1373 zur Stadt erhoben hatte. Mit der Verlegung des Zolls von Neuss nach Zons ließ er zur Sicherung seiner Rechte und zum Schutz der Bürger die Tore, Türme und Mauern errichten, die Sie heute noch besichtigen können.

Wenn Sie Ihren Wagen am Parkplatz Rheintor abstellen, beginnen Sie den Rundgang vor diesem Tor mit dem sechsgeschossigen *Zollturm.* Halten Sie sich rechts und folgen Sie dem Wall entlang der nördlichen Stadtmauer. Am *Krötschenturm* schließt sich die westliche Stadtmauer an. Vermutlich diente er in Pestzeiten zur Quarantäne, daraus leitet sich der Name ab: »En ahl Krötsch« ist in der Mundart eine stets kränkelnde Person.

An der Schlossstraße erinnert der *Schweinebrunnen* an die »Zonser Schweinefehde« 1575/77. An der linken Standfigur ist die Erklärung eingemeißelt. An der südlichen Seite der Stadtmauer treffen Sie auf die *Mühle*, das *Südtor* und die *Freilichtbühne* (Mitte Juni–Sept. Märchenspiele). Insider Tipp

Das *Kreismuseum* beherbergt drei Sammlungen: Jugendstilzinn, Textilkunst und Zeichnungen von Walter Koenigstein *(Di–Fr 14–18 Uhr, Sa und So 11–17 Uhr, Schlossstr. 1, Eintritt 2,50 Euro).* Regionalküche und heiße Waffeln genießen Sie im Traditionslokal *Zum Feldtor (Do–Di 11–24 Uhr, Schlossstr. 40, Tel. 02133/5441, €).*

Sie haben drei Möglichkeiten, wieder den Ausgangspunkt zu erreichen: über die Rheinstraße innerhalb der Stadt, über den Weg durch die Pappelauen entlang der Außenmauer oder in einem weiteren Bogen über den Deich am Rheinufer. Infos: *Heimat- und Verkehrsverein der Stadt Zons, Stürzelberger Str. 18, 41541 Dormagen-Zons, Tel. 02133/37 72*

Angesagt!

Events, Meetings und Aktionen, die Sie kennen und nicht verpassen sollten!

Cologne Beach Club km 689 [104 B4]

Weicher Sand wie am Meer, zwei Imbissstände mit Getränken, Salaten und Weizentortilla: Hier können Sie an heißen Tagen die Seele baumeln lassen und den fantastischen Rheinblick genießen. Die Liegen sind kostenlos, und deswegen sollten Sie besser recht früh kommen. *Mai–Sept. tgl. 12–1 Uhr, Eintritt frei, Mindestverzehr 4 Euro, Rheinpark, Bahnen und Busse: Deutzer Bahnhof*

Domplatte/ Roncalliplatz [101 E2]

Vom frühen Nachmittag bis in den Abend der beliebteste Treff für Skateboardfahrer und Inlineskater. Zum Surfen und für Pirouetten gibt es in Köln nirgendwo sonst solch eine große Fläche und so viel Publikum. Manche führen waghalsige Sprünge an den Treppenstufen vor, andere schlängeln sich geschickt durch einen Parcours aus Filmhülsen oder Getränkedosen. *An der West- und Südseite des Doms, Bahnen und Busse: Dom/Hbf.*

Friesenstraße [100 A–B1]

Samstagabend ist im Friesenviertel der Bär los: Weil das Bier am Kiosk billiger ist als in den Cocktailbars, feiern viele junge Leute einfach mitten auf der Friesenstraße. Dann ist kein Durchkommen mehr für die Söhne wohlhabender Geflügelzüchter aus dem Umland, die hier mit ihrem Cabrio spazierenfahren wollen. Im *Päffgen (S. 47)* oder im *Klein Köln (S. 75)* finden Sie vielleicht noch einen Veedels-Veteranen, der Ihnen erzählen kann, wie es einst zuging: Da trugen mitten auf der Fahrbahn die Halbweltbarone »Schäfers Nas« und »Dummse Tünn« einen Boxkampf um die Vorherrschaft im Rotlichtmilieu aus. *U-Bahnen: Friesenplatz*

Clubbing [103 E3]

»Beats zwischen Buchdeckeln«. Jeden Freitag von 20 bis 1 Uhr veranstalten das Literaturhaus und der Sender Eins Live Clubabende. Junge Literaten lesen ihre Texte, DJs legen dazu Pop und HipHop auf. *Karten gibt's nur über die Hotline 018 05 67 81 11 bei Eins Live. Im Mediapark 5, Bahnen und Busse: Christophstraße/Mediapark*

Von Anreise bis Wetter

Hier finden Sie kurz gefasst die wichtigsten Adressen und Informationen für Ihre Köln-Reise

ANREISE

Auto

Staus drohen im Berufsverkehr, bei Großveranstaltungen und manchen Messen. Park-and-ride-Plätze sind ausgeschildert. An den Karnevalstagen müssen Sie mit Alkoholkontrollen rechnen, und in der Innenstadt und entlang der Vorortumzüge sind zahlreiche Straßen gesperrt.

Bahn

Unbedingt beachten: Manche ICE-Züge halten nur in Köln-Hbf., und manche fahren vom Ruhrgebiet nur über Köln-Deutz nach Frankfurt/M. Taxistände gibt es an beiden Ausgängen des Hauptbahnhofs. Die U-Bahn-Station Dom/Hbf. liegt an der Domseite. In die Altstadt oder ins Eigelsteinviertel gelangen Sie in wenigen Minuten zu Fuß.

Flugzeug

Der Konrad-Adenauer-Flughafen Köln-Bonn liegt ca. 15 km vom Kölner Stadtzentrum entfernt. Bei normalen Verkehrsverhältnissen dauert eine Taxifahrt zum Dom ca. 20 Minuten (Preis ca. 25 Euro). Die Linien S 13 und RE 8 fahren in ca. 20 Min. vom Hauptbahnhof zum neuen Bahnhof Köln/Bonn-Flughafen. Preis: ca. 3,80 Euro. Vom Flughafen Düsseldorf gelangen Sie in 45 bis 60 Min. nach Köln. Taxi: ca. 75 Euro, S-Bahn ca. 8,70 Euro, IC ca. 13 Euro.

AUSKUNFT

Köln Tourismus [101 D2]

Direkt an der Domplatte liegt das Infobüro. Hier erhalten Sie Auskünfte, Prospekte, werden Stadtführungen vermittelt. Reservierungen von Hotelzimmern: 3 Euro pro Bett. *Mai–Okt. Mo–Sa 8–22.30 Uhr, So 9.30–22.30 Uhr, Nov. bis April Mo–Sa 8–21 Uhr, So 9.30 bis 19 Uhr, Unter Fettenhennen 19, 50667 Köln, Tel. 0221/22 13 33 45 und 194 33, Fax 221 21 94 33, www.koeln.de, Bahnen und Busse: Dom/Hbf.*

Die Filiale am *Konrad-Adenauer-Flughafen Köln/Bonn (Terminal 2)* ist tgl. von 9 bis 20 Uhr besetzt.

FAHRRADVERLEIH

Kölner Fahrradverleihservice [101 F3]

Rad pro Std. 2 Euro, pro Tag 10 Euro. Tgl. 13.30 Uhr dreistündige Stadtrundfahrt mit Führung (15 Euro inkl. Rad). Fremdsprachige Radführungen nach Voranmeldung. *Markmannsgasse/Rheingarten, direkt an der Deutzer Brücke, Tel. 72 36 27 oder 017 16 29 87 96, Bahnen: Heumarkt*

INTERNET

Tourist-Info: *www.koeln.de;* offizielle Seite der Stadtverwaltung: *www.stadt-koeln.de;* Hotels, Veranstaltungen, Sport etc.: *www.koeln-online.de;* Nachrichten, Events, Tageskalender: *www.city-guide.de;* Programm der Philharmonie: *www.koelnmusik.de;* Kartenbestellungen: *www.koelnticket.de*

INTERNETCAFÉS

Café Centro **[100 C4]**
Am Ausgang zur Poststraße: Kleine Saftbar mit Snacks und 8 PC-Anschlüssen. *Mo–Fr 7.30–20 Uhr, Sa 10–18 Uhr, U-Bahn-Passage Neumarkt, Bahnen und Busse: Neumarkt*

Colony **[100 A6]**
Im Univiertel gelegen. 8 PCs, 2 Laptops, heiße und kalte Getränke. *Mo–Sa 10–2, So 11–2 Uhr, Zülpicher Str. 38–40, Bahnen: Zülpicher Platz oder Dasselstraße/Südbahnhof*

Surfer Paradise **[107 E2]**
16 Computer, Getränke und Näschereien. Studentisches Publikum, rustikales Ambiente und lockere Atmosphäre. *Mo–Fr 10–1 Uhr, Sa und So 11–1 Uhr, Moselstr. 60, Tel. 294 83 80 Bahnen: Dasselstraße/Bhf. Süd*

MITFAHRZENTRALE

ADM-Mitfahrzentrale: *Tel. 194 40;* Citynetz Mitfahrzentrale: *Tel. 194 44*

NACHTAPOTHEKEN

Auskunft Tel. 018 05 98 67 00

NOTARZT

Ärztl. Notdienst (Hausbesuche): *Tel. 0180/504 41 00*
Rettungsdienst: *Tel. 112 oder 0221-192 22* (Ortsvorwahl auch von Köln aus wählen)
Zahnärztl. Notdienst: *Tel. 0180/598 67 00*

Die Arztpraxen übernehmen reihum in ihrem Stadtteil an Wochenenden und Feiertagen den Bereitschaftsdienst in den Notfallambulanzen der Krankenhäuser.

NOTRUFE

Polizei *Tel. 110*
Feuerwehr *Tel. 112*

ÖFFENTLICHE VERKEHRSMITTEL

Sie zahlen bis zu Ihrem Ziel, z. B. Königswinter oder Zons, immer denselben Tarif, egal, ob Sie den DB-Regionalexpress, die S-Bahn, die Bahnen und Busse von KVB, SWB oder der Regionalverkehr Köln GmbH benutzen (nach Bonn fährt die DB aber doppelt so schnell wie die KVB). Tickets bekommen Sie an den Schaltern am Hauptbahnhof, in den Fahrgastzentren (z. B. am Neumarkt), an den Automaten in den U-Bahn-Stationen und in den Bahnen. Kurzticket für drei Stationen 1,30 Euro, Normalticket 2,10 Euro, 4er-Ticket 7 Euro.

Mit dem normalen City-Ticket (2,10 Euro) können Sie 90 Minuten lang so oft umsteigen, wie Sie wollen. Nach Düsseldorf lösen Sie das Regio-Ticket Preisstufe 5 ü (8,50 Euro). Ein Tagesticket wäre hin und zurück genau so teuer (17,50 Euro), würde sich aber lohnen, wenn Sie an diesem Tag anschließend in Köln bis 3 Uhr nachts noch öfter Bahn fahren wollen.

Regionalverkehr Köln GmbH **[101 E1]**
Vom Hauptbahnhof/Breslauer Platz aus fahren Busse ins Kölner Umland. *Tel. 163 70*

PARKEN

In den Parkhäusern der Innenstadt kostet die erste Stunde 0,80 bis 1,50 Euro, für einen ganzen Tag max. 18 Euro. Bei voller Dom-Garage: Heumarkt oder Gürzenich ansteuern!

Trotz Videoüberwachung: Gerade am Dom sollten Sie im Wagen nichts sichtbar liegen lassen, was für Diebe interessant ist.

RHEINFAHRTEN

Das »Müllemer Böötche« fährt von der Hohenzollernbrücke nach Mülheim. Karl Berbuer schwärmte 1936 in seinem berühmten Karnevalsschlager: »Heidewitzka, Herr Kapitän, me'm Müllemer Böötche fahre mer so jän. Mer kann su schön em Dunkle schunkele, wenn üvver uns die Stääne (Sterne) funkele«. Wenn Sie Lust und Zeit haben, können Sie aber auch eine Tagestour ins Siebengebirge unternehmen.

Bonner Personen-Schiffahrt **[104 B3]**
Ab der Bastei im *Juli/Aug. Mo, Di, Mi und Fr* Linienfahrten nach Linz

und zurück. *Abfahrt 9.30 Uhr, Rückkehr 18.45 Uhr, 19,40 Euro, Tel. 0228/63 63 63*

Dampfschiffahrt Colonia [101 F2]
»Müllemer Böötche«: Einstündige Rundfahrt ab Hohenzollernbrücke-Zoo-Mülheim und zurück. *April bis Okt. 10–17.30 Uhr, alle 45 Min., 6 Euro, Tel. 257 42 25*

Fährbetrieb Hans Linden [101 F2]
Fähre von der Hohenzollernbrücke zur Messe/Rheinpark. *April–Okt. 10–17.30 Uhr, hin und zurück 2,50 Euro, Tel. 38 47 38*

Köln-Düsseldorfer Deutsche Rheinschiffahrt AG [101 F3]
Ab Frankenwerft/Rheingarten (zwischen Hohenzollern- und Deutzer Brücke): Einstündige Panoramafahrt mit »MS Jan von Werth« oder »MS Drachenfels«, *6,50 Euro.* Kaffeefahrt *9,20 Euro*, Abendfahrt *39,90 Euro mit Verpflegung.* Tagestour zum Siebengebirge, bis Bad Hönningen und zurück: *Juni–Sept. tgl. 9.30 Uhr, 32,70 Euro, Tel. 208 83 18*

Kölntourist Personenschiffahrt [101 F2]
Ab Hohenzollernbrücke. Einstündige Fahrt nach Rodenkirchen. *April–Okt. 10.15–17.15 Uhr alle 45 Min., ca. 5 Euro.*

SCHWIMMBÄDER & EISSTADION

Aqualand [0]
Spaßbad mit Wasserrutsche, Karibik-Flair, Sauna, Solarium und Fitnessstudio. *Mo–Do 9.30–23 Uhr, Fr 9.30–24 Uhr, Sa 9–24 Uhr, So 9–23 Uhr, Mo und Mi ab 18.30 FKK, 2 Std. 9,50 Euro, Tageskarte 13,50 Euro, Merianstr. 1, Chorweiler, Tel. 702 80, U 18: Chorweiler Zentrum*

Claudius-Therme [104–105 C–D3]
Thermalbad im Rheinpark, Innen- und Außenbecken, physikalische

Lesetipps

Diese Bücher bringen Ihnen Köln näher

Viktor Böll (Hrsg.): »Heinrich Böll und Köln« – in dieser Sammlung finden Sie alle literarischen Äußerungen des Nobelpreisträgers über seine Heimatstadt. Doris und Jürgen Sieckmeyer: »Echt Kölsch – das Buch über Lebensart, Bier und Sprache der Kölner« – ein Buch wie ein Abend in einer kölschen Kneipe. Peter Rosenthal: »Entlang der Venloer Straße« – eine atmosphärisch dichte Schilderung des multikuturellen Vororts Ehrenfeld in Form eines Briefromans. Konrad Beikircher: »Et kütt wie et kütt – das rheinische Grundgesetz« – Einblicke in die Weltsicht der Rheinländer mit Texten zu seinen Kabarettauftritten. Rich Schwab: »Perlen vor die Schweine« – Krimi mit präziser Milieuschilderung des Friesenviertels, als man dort noch höllisch aufpassen musste, sich nicht mit den falschen Figuren anzulegen.

Therapien (Fango etc.). *Tgl. 9–23 Uhr, 2 Std. 12 Euro, Tageskarte 22 Euro, Sachsenbergstr. 1, Deutz, Tel. 98 14 40, U-Bahnen: Deutzer Bahnhof, dann Bus 150*

Eis- und Schwimmstadion **[104 B2]**
Im Winter Eislauf mit Disko am Freitag- und Samstagabend, im Sommer Freibad. *Eislauf Sept. bis März Mo 10–17 Uhr, Di–Do 10–22 Uhr, Fr 10–17 und 19–22.30 Uhr, Sa 11–17 und 19–22.30 Uhr, So 11–22 Uhr, 1 Std. 2 Euro, ab 3 Std. 1 Euro/Std., Kinder 1,50 Euro, ab 3 Std. 1 Euro/Std., Eisdisko 6 Euro, Schlittschuhe 4 Euro, Freibad Mai bis Aug. tgl. 10–20 Uhr, in den Schulferien 9–20 Uhr, Erwachsene 4 Euro, Kinder 3 Euro, Lentstr. 30, Tel. 72 60 26, U-Bahnen: Reichensperger Platz*

Müngersdorfer Stadion **[O]**
Kölns größtes Freibad mit acht Becken und Zehnmeterturm. *Mitte Mai–Sept. Mo–Fr 10–20 Uhr, Sa und So 9–20 Uhr, in den Schulferien ab 10 Uhr, Aachener Str./Stadion, Tel. 279 18 40, U 1: Stadion*

STADTBESICHTIGUNGEN

CCS Busreisen GmbH **[101 D2]**
Stadtrundfahrten (Deutsch und Englisch). *April–Okt. Mo–Sa 10, 12.30 und 15 Uhr, Sa zusätzlich 17.30 Uhr, Nov.–März Mo–Fr 11 und 14 Uhr, 14 Euro, ab Köln Tourismus, Unter Fettenhennen 19, Tel. 979 25 70–71, Bahnen und Busse: Dom/Hbf.*

Domforum **[101 D2]**
Kirchenführungen. *Mo–Fr 10 bis 18.30 Uhr, Sa 10–17 Uhr, So 13–17 Uhr, genauere Termininfos www.domforum.de, Domkloster 3, Tel. 92 58 47 30, Bahnen und Busse: Dom/Hbf.*

Was kostet wie viel?

Kölsch	**1,40 Euro** für ein Glas (0,2 l)
Parken	**1 Euro** eine Stunde im Parkhaus
U-Bahn	**1,30 Euro** für drei Stationen
Karneval	**25–30 Euro** Eintritt Karnevalssitzung
Kaffee	**2 Euro** für eine Tasse
Halve Hahn	**3,20 Euro** für eine Portion

Flight Training Cologne **[O]**
Dreißigminütiger Rundflug für 3 Personen: *170 Euro, Flugschule an der Flughafenhalle 6, Konrad-Adenauer-Flughafen Köln/Bonn, Tel. 02203/40 24 52 und 40 24 53, www.ft-cgn.de, Bus 170, Auto A 59 – Kreuz Flughafen Ausfahrt 34*

Martin Stankowski
Wanderungen und Fahrten mit einem Stadthistoriker, manchmal auch zusammen mit Kabarettisten aus Köln und Bonn wie Jürgen Becker oder Rainer Pause. Motto: »Der Rhein. Der Rest ist Ufer«. Preise auf Anfrage. *Tel. 932 08 18*

Stattreisen
Erkundungen abseits der üblichen Touristenprogramme. *8 Euro, Kin-*

der 3,50 Euro, Mo, Di, Do 10–13 und 14–16 Uhr, Tel. 732 51 13

Taxi-Guide
Einstündige Taxifahrt mit dem Chauffeur als Fremdenführer: 40 Euro. Bestellung über *Taxi-Ruf Köln. Tel. 194 10*

TAXI

Grundpreis 2 Euro, Mo–Sa 6 bis 22 Uhr bis 10 km pro Kilometer 1,20 Euro, ab 10 km 1,25 Euro, 22–6 Uhr sowie So und feiertags bis 10 km 1,30 Euro, ab 10 km 1,35 Euro, tel. Vorbestellung: 1 Euro.

Ein Rauchertaxi müssen Sie extra anfordern. Heiligabend ab 19 Uhr, Silvester und an den Karnevalstagen jeweils ab 24 Uhr sind Taxis sehr schwer zu bekommen.

Taxi-Ruf Köln Tel. 19410

TELEFON

Vorwahl von Köln: *0221*

THEATER- & KONZERTKARTEN

Köln Ticket-Shop **[101 E2]**
Hier bekommen Sie auch Karten für Spiele des 1. FC Köln. *Mo–Fr 9 bis 18.30 Uhr, Sa 9–16 Uhr, tel. Bestellungen Mo–Fr 8–20 Uhr, Sa 9–16 Uhr, So 10–16 Uhr, Tel. 28 01, Roncalliplatz (am Römisch-Germanischen Museum), Bahnen und Busse: Dom/Hbf.*

TRINKGELD

Sind Sie mit dem Service zufrieden, gönnen Sie dem Personal die üblichen zehn bis fünfzehn Prozent. In Restauranttoiletten sind 0,50 Euro üblich.

Manche Taxifahrer haben sich die Unsitte angewöhnt, von sich aus aufzurunden. Dass der Köbes im Brauhaus gern auf Kosten seiner Gäste einen mittrinkt, gehört zur Folklore. Städtische Bedienstete dürfen kein Trinkgeld annehmen.

Wetter in Köln

	Jan.	Feb.	März	April	Mai	Juni	Juli	Aug.	Sept.	Okt.	Nov.	Dez.
Tagestemperaturen in °C	4	6	10	14	19	22	24	24	20	14	9	5
Nachttemperaturen in °C	–1	0	2	5	8	12	14	14	11	7	4	0
Sonnenschein Std./Tag	2	2	4	5	6	7	6	5	5	4	2	2
Niederschlag Tage/Monat	18	15	13	17	13	13	14	14	14	16	18	17

Cityatlas Köln

Die Seiteneinteilung für den Cityatlas finden Sie auf dem hinteren Umschlag dieses Reiseführers

A B C

Kartenlegende Cityatlas

Bebaute Fläche Built-up area Terrain bâti	Fußgängerzone Pedestrian precinct Zone piétonne
Öffentliches Gebäude Public Building Bâtiment public	Evangelische Kirche Protestant church Église protestante
Industriegelände Industrial area Zone industrielle	Katholische Kirche Catholich church Église catholique
Wald Wood Bois	Sonstige Kirchen Other churches Autres Églises
Park Park Parc	Post Post office Bureau de poste
Sportplatz Sports field Terrain de sports	Polizeiwache Police station Poste de Police
Friedhof Cementry Cimetière	Krankenhaus Hospital Hôpital
Autobahn Motorway Autoroute	Schule School École
Schnellstraße Motorroad Route à plusieurs voies	Feuerwache Fire station Poste de pompiers
Bundesstraße National road Route national	Öffentliche Bibliltheк Public libary Bibliothèque publique
Hauptstraße Main road Route principal	Parkplatz Car park Parking
Stadtgrenze Municipal boundary Limite municipal	Parkhaus Multi-storey car park Parking à plusieurs étages
Eisenbahn Railway Chemin de fer	Parkplatz an S- und U-Bahnhöfen Park and Ride Parcotrain
S-Bahn Suburban railway Train regional	Theater Theatre Théâtre
U-Bahn Underground Métro	Hallenbad Indoor swimming pool Piscine couverte
Einbahnstraße One way street Rue à sens unique	Freibad Open-air swimming pool Piscine de plain air
Buslinie Bus route Ligne de bus	Informationsbüro Information centre Bureau de renseignements
Stadtspaziergänge Walking tours Promenades en ville	Campingplatz Camping site Terrain de camping

Die Kartenprojektion (Hyperboloid)
bewirkt eine Maßstabsveränderung von der Innenstadt zu den Außenbezirken. Dadurch kann das Stadtzentrum lesbarer dargestellt werden (Lupeneffekt).

Das schwarze Gitternetz dient zum Messen der Entfernungen; der Abstand von Linie zu Linie beträgt genau einen Kilometer.

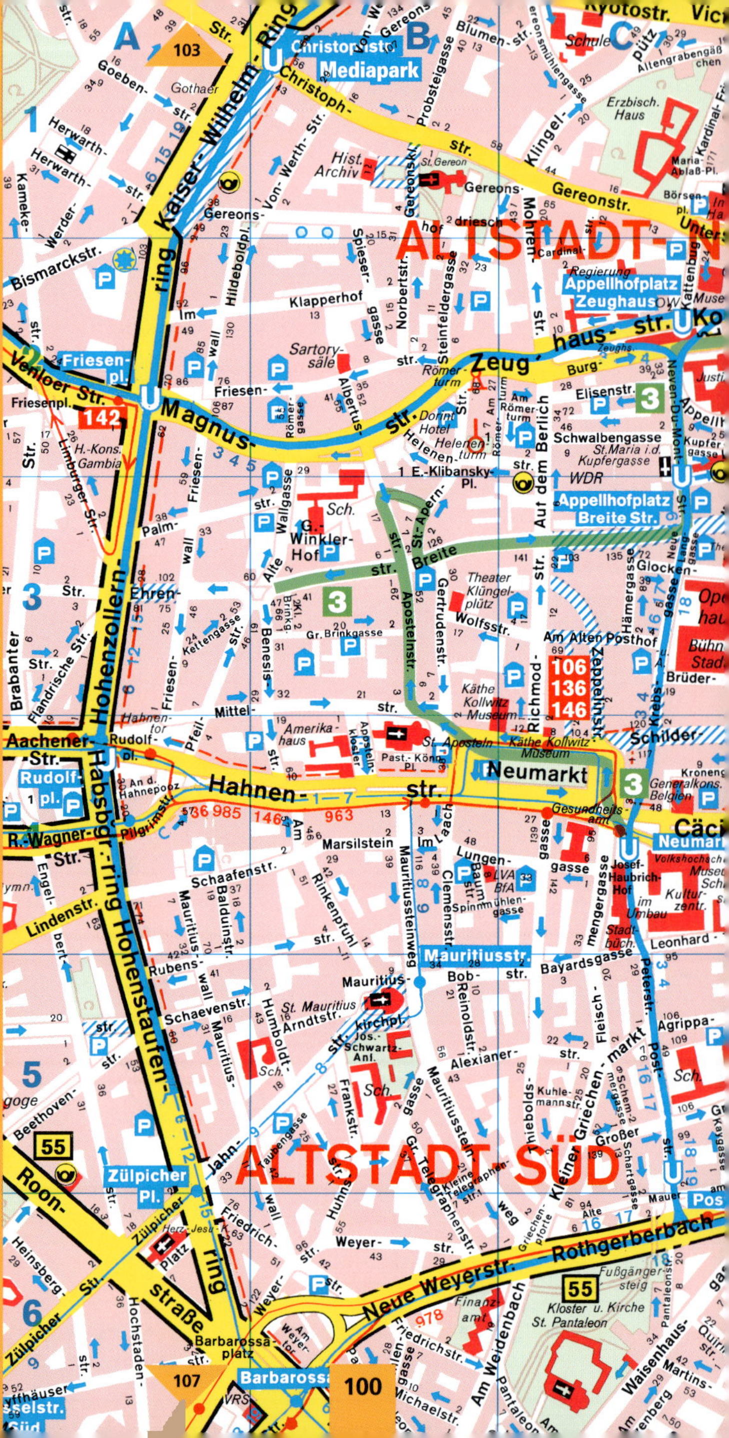

A
B
C
103
107
100
1
3
5
6
Christophstr.
Mediapark
Kaiser-Wilhelm-Ring
Christoph-str.
Goeben-str.
Gothaer str.
Herwarth-str.
Kameke-
Werder-
Bismarckstr.
Hist. Archiv
St. Gereon
Gereons-
Gereonstr.
Gereonskl.
Gereonshof
Gereonsdriesch
Von-Werth-Str.
Probsteigasse
Blumen-str.
Klingel-
Kyotostr.
Schule
Erzbisch. Haus
Maria-Ablaß-Pl.
Kardinal-Frings-
Börsen-pl.
Altengrabengäßchen
Pütz
ALTSTADT-N
Mohren-
Cardinal-
Regierung
Appellhofplatz Zeughaus
Zeughausstr.
Klapperhof
Hildeboldpl.
Spiesergasse
Norbertstr.
Steinfeldergasse
Sartory-säle
Friesen-pl.
Venloer Str.
Friesenpl.
142
Friesen-
Magnus-str.
Römergasse
Albertus-
Römer-turm
Zeug-
Burg-
Elisenstr.
Neven-Du-Mont-Str.
Appellhofpl.
Dorint Hotel
Helenen-turm
Helenen-str.
Am Römerturm
Aut dem Berlich
Schwalbengasse
St. Maria i.d. Kupfergasse
Kupfergasse
WDR
Appellhofplatz Breite Str.
E.-Klibansky-Pl.
H.-Kons. Gambia
Limburger Str.
Hohenzollern-ring
Wallgasse
Sch.
G.-Winkler-Hof
St.-Apern-
Breite str.
Alte Wallgasse
Palm-
Ehren-
Ehrenstr.
Kettengasse
Benesis-str.
Apostelnstr.
Gertrudenstr.
Theater Klüngelpütz
Wolfsstr.
Am Alten Posthof
Glocken-
Hämergasse
Krebsgasse
Oper
Bühnen Stadt
Brüder-
Gr. Brinkgasse
Brabanter Str.
Flandrische Str.
Friesenwall
Mittelstr.
Richmod-
Zeppelinstr.
106
136
146
Käthe Kollwitz Museum
Schilder-
Amerika-haus
Apostelnkloster
St. Aposteln
Past.-Könn-Pl.
Neumarkt
Aachener-Str.
Rudolf-pl.
Rudolfpl.
Hahnentor
Pfeil-
Hahnen-str.
An d. Hahnepooz
Pilgrimstr.
R.-Wagner-Str.
36 985 146 963
Gesundheitsamt
Kronengasse
Generalkons. Belgien
Cäci
Neumarkt
Habsburgerring
Hohenstaufen-ring
Engel-
Lindenstr.
Schaafenstr.
Balduinstr.
Mauritius-wall
Marsilstein
Rinkenpfuhl
Mauritiussteinweg
Im Laach
Clemensstr.
Lungengasse
LVA BfA
Spinnmühlengasse
Josef-Haubrich-Hof
Volkshochschule
Museum Schn.
Kultur-zentr.
im Umbau
Stadtbüch.
Leonhard-
Mauritiusstr.
Bayardsgasse
Rubens-
Mauritius-
Bob-Reinold-str.
Alexianer-
Fleisch-
Peterstr.
Agrippa-
Schaevenstr.
Humboldt-
St. Mauritius
Arndtstr.
Mauritius-kirchpl.
Jos.-Schwartz-Anl.
Beethoven-
Frankstr.
Mauritiussteinweg
Kuhlemannstr.
Griechenmarkt
Post-str.
Sch.
Taubengasse
Jahn-
Großer Griechenmarkt
Kleiner Griechenmarkt
Thieboldsgasse
55
Zülpicher Pl.
ALTSTADT-SÜD
Gr. Telegraphenstr.
Kleine Telegraphenstr.
Roon-
Huhnsgasse
Pos
Herz-Jesu-K.
Zülpicher Platz
Friedrich-
Weyer-
Weyerstr.
Griechen-pforte
Rothgerberbach
Heinsberg-
Zülpicher Str.
Barbarossa-platz
Neue Weyerstr.
Fußgängersteg
Kloster u. Kirche St. Pantaleon
Finanzamt
978
Friedrichstr.
Am Weidenbach
Pantaleon
Waisenhaus-
Martins-
Hochstaden-
Barbarossa
Michaelstr.
VRS

Ursulastr.
Maximinen-str.
Brandenburger Str.
Bresl. Pl.
Johannis-haus
Servasgasse
104
200m
Altenberger Str.
Johannisstr.
Breslauer Platz
Goldgasse
Alten
Ufer
K. Adenauer
Trankgassenwerft
SB31 SB42
133 170
250 260
978
Hauptbahnhof
St. Maria Himmelf.
Omnibusbahnhof
Musical Dome
Kostgasse
Dt. Bahn AG
Trankgasse
Hohenzollernbrücke
An d.
Dominikanern
Ketzer-S.
132
Bahnhofsvorpl.
14
Dom/Hbf.
3
18
Dresdner Bank
St. Andreas
Tunisstr.
Komödienstr.
Trankgasse
Dom
Am Domhof
Burgmauer
Frankenpl.
H.-Böll-Pl.
Museum Ludwig
Philharmonie
Margarethenkloster
Dom-G.
Domkloster
Roncallipl.
Röm.-Germ. Museum
Bischofsgartenstr.
Westdeutscher Rundfunk
Wallrafplatz
Diözesan-Museum
Rhein-
Frankenwerft
Rheingarten
An der Rechtschule
Museum Angew. Kunst
Richartzstr.
Hohe Str.
Heinzelm.-Br.
Am Hof
Hackenberg-Pl.
Große Neugasse
51
Rhein
Kolping-pl.
Minoritenstr.
Sporergasse
1
2
Kl. Budengasse
Mühlengasse
Theo-Burauen-Pl.
Rathaus
Alter Markt
Martinspf.
Gr. St. Martin
Stapelhausturm
Fischmarkt
1 Jupp-Schmitz-Plätzchen
Laurenzpl.
Rathausplatz
Lintgasse
Kolumbastr.
Gr. Budengasse
Salomonsgasse
Rathaus
Ostermann-pl.
Salzgasse
Brückenstr.
Bez.-A. Dischhaus
Obenmarspforten
Gülichpl.
Heumarkt
Seidmachergäßchen
Kasteltorinnenstr.
Puppenspiele
1 Rote-Funken-Plätzchen
2 Hafengasse
3 Halbmondgäßchen
4 Tipsgasse
5 Eisenmarkt
6 Faßbindergasse
Offenbachplatz
Streitzeug-G.
Ludwigstr.
Perlengäßchen
Perlenpfuhl
Sandkaul
Brunnen
Wallraf-Richartz-Mus.
Bolzengasse
Markmannsgasse
Pegel Deutzer Brücke
Gürzenich
Gürzenichstr.
Antonsgasse
Antoniterkirche
Antoniterstr.
An St. Agatha
Burghöfchen
Große Sandkaul
Augustinerstr.
Heumarkt
Am Leystapel
Cäcilienstr.
Pipinstr.
Elogius-Pl.
133
Herm.-Jos.-Pl.
132 133
Deutsche Telekom AG
Sternengasse
Neuköllner Str.
Nord-Süd-Fahrt
Hohe Pforte
Kasinostr.
St. Maria im Capitol
Plectrudengasse
Königstr.
Marienpl.
Stephanstr.
Rheingasse
Overstolzenhs.
Peter-Welter-Platz
Handw.-kammer
Leystapelwerft
Krummer Büchel
Agrippastr.
Großer Griechenmarkt
Mühlenbach
Malzmühle
Am Malzbüchel
Mathiasstr.
Filzengraben
Trinitatisk.
St. Maria i. Lysk.
Malakoffturm
Imhoff-Stollwerck Museum
Witschgasse
Große Witschgasse
Holzmarkt
Herm.-Joseph-Br.
Georgstr.
St. Georg
Kais.-Aug.-Schule
Follerstr.
Fröbelhaus
Drehbrücke
Waidmarkt
Georgspl.
Rheinaustr.
Rheinauwerft
Blaubach
Finanzamt
Tel-Aviv-Str.
Friedr.-Wilh.-Gymnasium
Severinstr.
Hist. Archiv
Schule
Kleine Witschgasse
Holzwerft
Dt. Sport- u. Olympiamus.
Perlengraben
Mengelbergstr.
Kl. Spitzen-G.
Löwengasse
Severinsbrücke
AS-Rheinauhafen K-Deutz
Rheinauhafen
Severinstr.
Spielmannsgasse
Sionsthal
Katherinengraben
Friedenstr.
Hoßdorfstr.
Karl-Berbuer-Pl.
101
108
Mechtildisstr.
Rheinauhafen
Bayenstr.

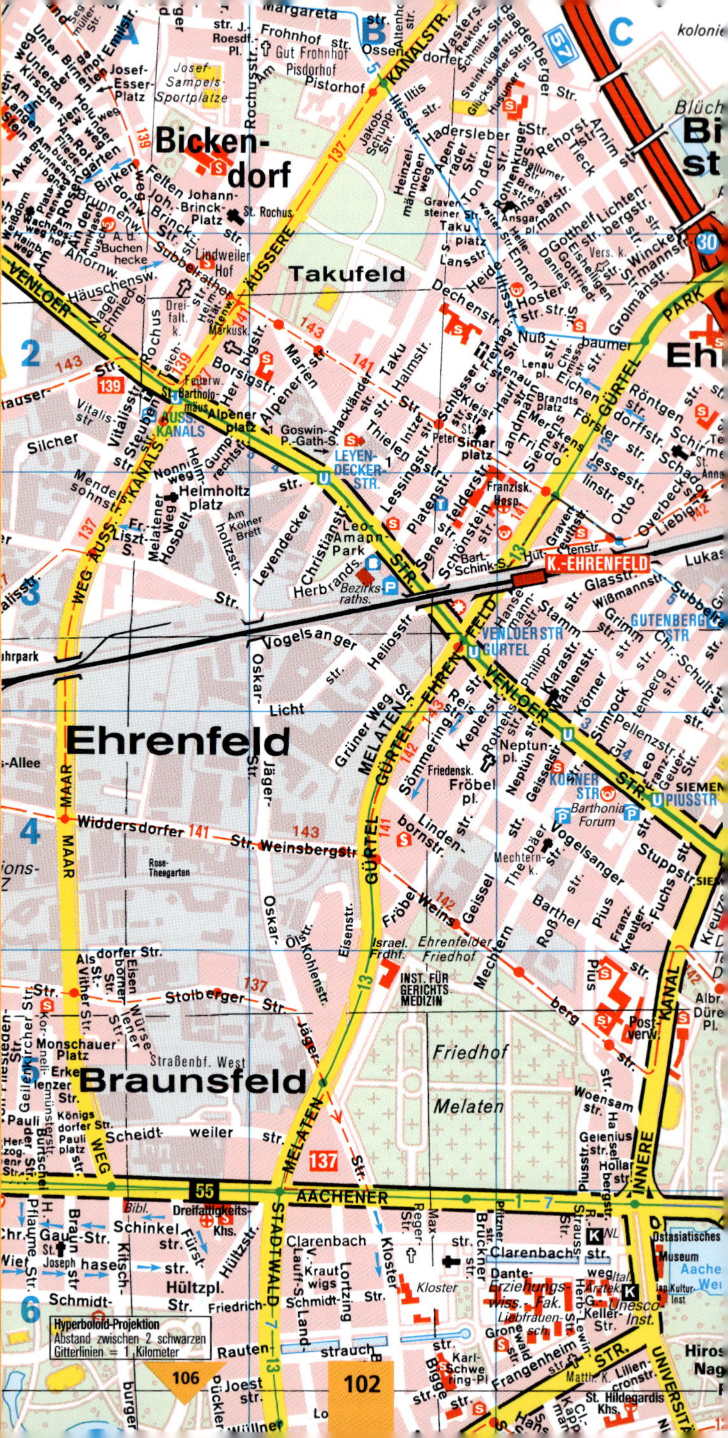
A
B
C
2
3
4
6
Bickendorf
Takufeld
Ehrenfeld
Braunsfeld
Friedhof Melaten
Venloer Str.
Äussere Kanalstr.
Innere Kanalstr.
Gürtel
Melaten Gürtel
Ehrenfeld Gürtel
Maarweg
Aachener Str.
Stadtwaldgürtel
Subbelrather Str.
Vogelsanger Str.
Widdersdorfer Str.
Weinsbergstr.
Stolberger Str.
Oskar-Jäger-Str.
Sömmeringstr.
Lindenbornstr.
Körnerstr.
Leyendeckerstr.
Alpener Str.
Lessingstr.
Platenstr.
Hüttenstr.
Glasstr.
Park-Gürtel
Margaretastr.
Frohnhof
Gut Frohnhof
Pisdorhof
Pistorhof
Josef-Sampels-Sportplätze
St. Rochus
Lindweiler Hof
Leo-Amann-Park
K.-Ehrenfeld
Venloer Str Gürtel
Gutenbergstr
Körner Str
Piusstr
Leyendecker Str.
Äuss. Kanalstr.
Barthonia Forum
Neptunpl.
Fröbelpl.
Israel. Frdhf.
Ehrenfelder Friedhof
Inst. für Gerichtsmedizin
Rose-Theagarten
Straßenbf. West
Monschauer Platz
Clarenbachstr.
Kloster
Erziehungswiss. Fak.
Unesco-Inst.
Ostasiatisches Museum
Hültzpl.
Karl-Schwering-Pl.
St. Hildegardis Khs.
Dreifaltigkeits-Khs.
Takupl.
57
55
30
137
139
141
142
143
Hyperboloid-Projektion
Abstand zwischen 2 schwarzen Gitterlinien = 1 Kilometer

106

Neu-
nfeld
EHRENFELD
ESCHERSTR
K.-NIPPES
LOHSESTR
Mediapark
HANSARING
K. WEST
CHRISTOPH STR
HAUPTBF.
DOM/HBF
APPELLHOFPL ZEUGHAUS
NEUMARKT
ZÜLPICHER PL
EBERTPL
Schlachthof
Zentr. Paketzustell-amt
Fern-melde-turm „Colo-nius"
Stadt-garten
Hansaplatz
Kindergarten
Lohsestr.
Holbeinstr.
Werkstattstr.
Neusser Str.
Niehler Str.
Innere Kanal Str.
Gürtel
Venloer Wall
Hohenzollern Ring
Hildeboldplatz
Friesenpl.
Magnusstr.
Hansaring
Ebertplatz
Kyotostr.
Victoriastr.
Komödienstr.
Zeughausstr.
Breite Str.
Glockengasse
Schildergasse
Gürzenichstr.
Cäcilienstr.
Hahnenstr.
Mittelstr.
Aachener Str.
Lütticher Str.
Brüsseler Str.
Moltkestr.
Bismarckstr.
Antwerpener Str.
Venloer Str.
Spichernstr.
Kamekestr.
Nord-Süd-Fahrt
Tunisstr.
Blaubach
Pipinstr.
Augustinerstr.
Mühlenbach
Rubensstr.
Mauritiussteinweg
Hohenstaufenring
Habsburgerring
Roonstr.
Lindenstr.
Zülpicher Str.
Jülicher Str.
Lützowstr.
Engelbertstr.
Händelstr.
Mozartstr.
Beethovenstr.
Rathenauplatz
Boisseréestr.
Mediapark
Maybachstr.
Gereonswall
Christophstr.
Klingelpütz
Ursulaplatz
Marzellenstr.
Eigelstein
Machabäerstr.
Thürmchenswall
Lübecker Str.
Sudermanstr.
Balthasarstr.
Krefelder Str.
Bernhard-Letterhaus-Str.
Merheimer Platz
Kempener Str.
Blücherstr.
Leipziger Pl.
Florastr.
Gneisenaustr.
Schenkendorfstr.
Auerstr.
Eichstr.
Gellertstr.
Neusser Pl.
Lupusstr.
Agneskirche
Ebertplatz
Dom
Roncalli pl.
Wallraf-Richartz-Mus.
Neumarkt
Polizei-präs.
Regierung
Justiz geb.
WDR
Opernh. Schauspiel-haus
Telekom AG
St. Gertrud
St. Alban
St. Ursula
St. Gereon
St. Maria Himmelf.
Hist. Archiv
TÜV
Finanzamt
Amt f. öff. Ordn.
Gladbacher Wall
Am Gleisdreieck
Innere Kanal Str.
103
107

A
B
C
Nippes
Riehl
Städt. Kinderkrankenhs.
Botanischer Garten
Flora
Zoolog. Garten
Aquarium
Zoo/Flora
Lohsestr.
Kindergarten
L.-Böhle-Park
Rollschuhbahn
Eis- u. Schwimmstadion
Skulpturenpark
Amsterdamer Str.
Niederländer Ufer
Zoobrücke
Neusser Str.
Riehler Str.
Reichenspergerpl.
Ebertpl.
Theodor-Heuss-Ring
Konrad-Adenauer-Ufer
Rheinpark
Seilbahn
Auenweg
Tanzbrunnen
Theater
Messeturm
Rheinparkw.
Uferpl.
Auenpl.
Koelnmesse
Kennedy-Ufer
Messeplatz
DB-Auto-Verladung
K.-Deutz
Ottopl.
Deutz/Messe
Hohenzollernbrücke
1 Bechergasse
2 Wehrgasse
3 Am Bollwerk
KD-Schiffsanlegestellen
4 Mauthgasse
5 Auf dem Rothenb.
Hauptbf.
Dom/Hbf.
Dom
Roncallipl.
Am Hof
Heumarkt
Deutzer Brücke
6 Börsengässchen
7 Kühgasse
8 Stephanstr.
9 Kasinostr.
Gürzenichstr.
Augustinerstr.
Pipinstr.
Malakoffturm
Schokoladenmuseum
Siegburger Str.
Deutzer Freiheit
Justinianstr.
Gotenring
Mindener Str.
Landschaftsverband Rheinland
Nord-Süd-Fahrt
Blaubach
Leystapel
Rheinau
Mühlenbach
689
690
688
250, 260
150

108

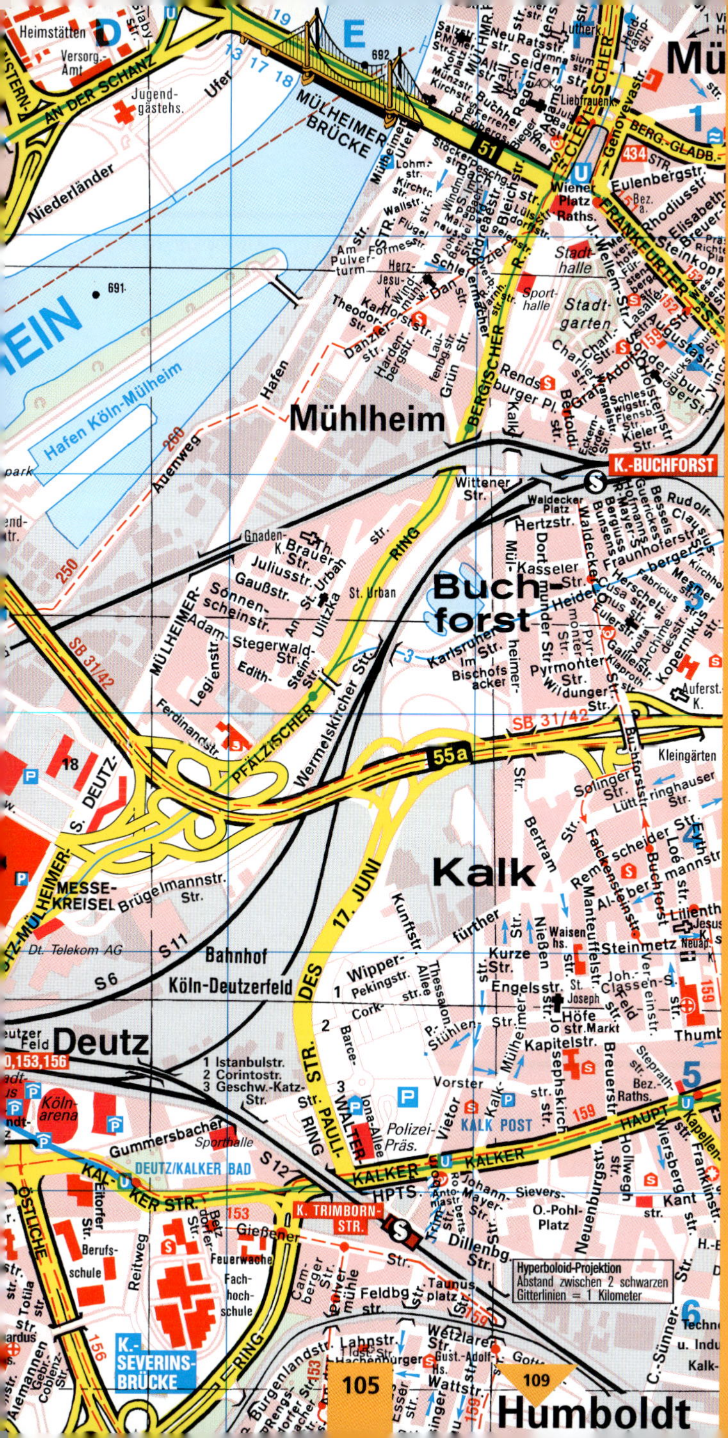
Mülheim
Buchforst
Kalk
Deutz
Humboldt
Mülheimer Brücke
Hafen Köln-Mülheim
Rhein
K.-Buchforst
Wiener Platz
Stadthalle
Stadtgarten
Sporthalle
Bergischer Ring
Pfälzischer Ring
Messekreisel
Bahnhof Köln-Deutzerfeld
Kölnarena
Deutz/Kalker Bad
Kalker Str.
Kalker Hauptstr.
Kalk Post
Polizei-Präs.
K. Trimborn-Str.
K.-Severinsbrücke
Berufsschule
Fachhochschule
Feuerwache
Frankfurter Str.
Genovevastr.
Bergisch Gladbacher Str.
Clevischer Ring
Wermelskirchener Str.
Straße des 17. Juni
Mülheimer Str.
Walter-Pauli-Ring
Östliche
Auenweg
Niederländer Ufer
An der Schanz
Heimstätten
Jugendgästehs.
St. Urban
Kleingärten
Dt. Telekom AG
1 Istanbulstr.
2 Corintostr.
3 Geschw.-Katz-Str.
Hyperboloid-Projektion
Abstand zwischen 2 schwarzen Gitterlinien = 1 Kilometer

109

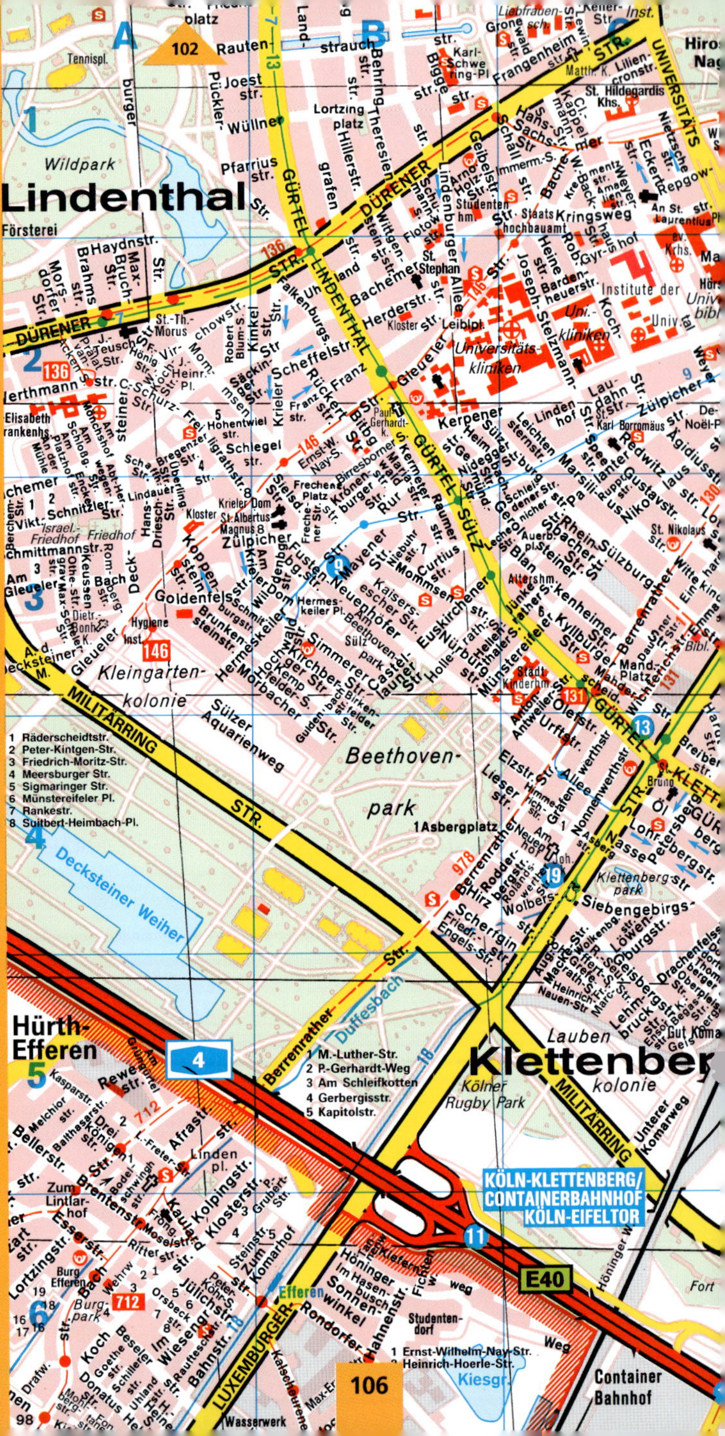
102
A
B
C
1
2
3
4
5
6
Lindenthal
Wildpark
Försterei
Tennispl.
Dürener Str.
Gürtel
Lindenthal
Universitätsstr.
Universitätskliniken
Institute der Universität
Zülpicher Str.
Sülz
Beethovenpark
Kleingartenkolonie
Militärring
Decksteiner Weiher
Hürth-Efferen
Klettenberg
Kölner Rugby Park
Laubenkolonie
Klettenbergpark
Berrenrather Str.
Luxemburger Str.
Duffesbach
Studentendorf
Kiesgr.
Container Bahnhof
Wasserwerk
E40
KÖLN-KLETTENBERG/
CONTAINERBAHNHOF
KÖLN-EIFELTOR
1 Räderscheidtstr.
2 Peter-Kintgen-Str.
3 Friedrich-Moritz-Str.
4 Meersburger Str.
5 Sigmaringer Str.
6 Münstereifeler Pl.
7 Rankestr.
8 Suitbert-Heimbach-Pl.
1 M.-Luther-Str.
2 P.-Gerhardt-Weg
3 Am Schleifkotten
4 Gerbergisstr.
5 Kapitolstr.
1 Ernst-Wilhelm-Nay-Str.
2 Heinrich-Hoerle-Str.
1 Asbergplatz

103

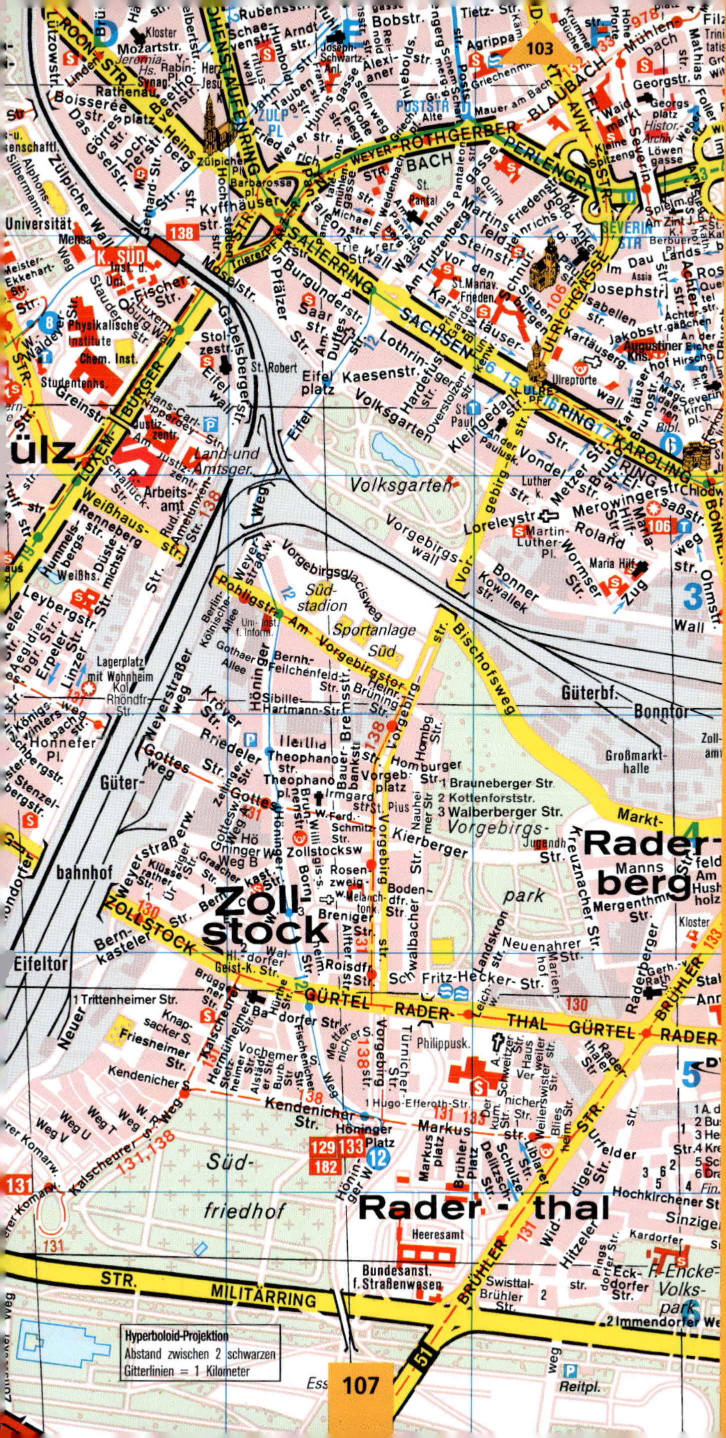
Zollstock
Raderberg
Raderthal
Sülz
Volksgarten
Südstadion
Sportanlage Süd
Vorgebirgspark
Südfriedhof
Güterbahnhof
Güterbf.
Bonntor
Großmarkthalle
Eifeltor
Universität
Mensa
K. SÜD
Physikalische Institute
Chem. Inst.
Studentenhs.
Land- und Amtsger.
Justizzentr.
Arbeitsamt
St. Robert
Eifelplatz
Zülpicher Pl.
Barbarossa pl.
ZULP.-PL
SALIERRING
SACHSENRING
KAROLINGERRING
HOHENSTAUFENRING
ROTHGERBERBACH
BLAUBACH
PERLENGR.
ULRICHGASSE
SEVERINSTR.
Ulrepforte
St. Pantal.
St. Paul
Severinkirch.
Chlodwigpl.
Karthäuserwall
Vorgebirgswall
Vorgebirgstr.
Bischofsweg
Pohligstr.
Am Vorgebirgstor
Luxemburger Str.
Zülpicher Wall
Weißhausstr.
Weyerstraßer Weg
Zollstockweg
Höninger Weg
Gottesweg
ZOLLSTOCK GÜRTEL
RADERTHAL GÜRTEL
BRÜHLER STR.
MILITÄRRING STR.
Kalscheurer Weg
Kendenicher Str.
Markusstr.
Mannsfeld
Mergenthmstr.
Neuenahrer Str.
Fritz-Hecker-Str.
Kreuznacher Str.
Raderberger Str.
Philippusk.
Heeresamt
Bundesanst. f. Straßenwesen
Höninger Platz
Reitpl.
Hyperboloid-Projektion
Abstand zwischen 2 schwarzen Gitterlinien = 1 Kilometer

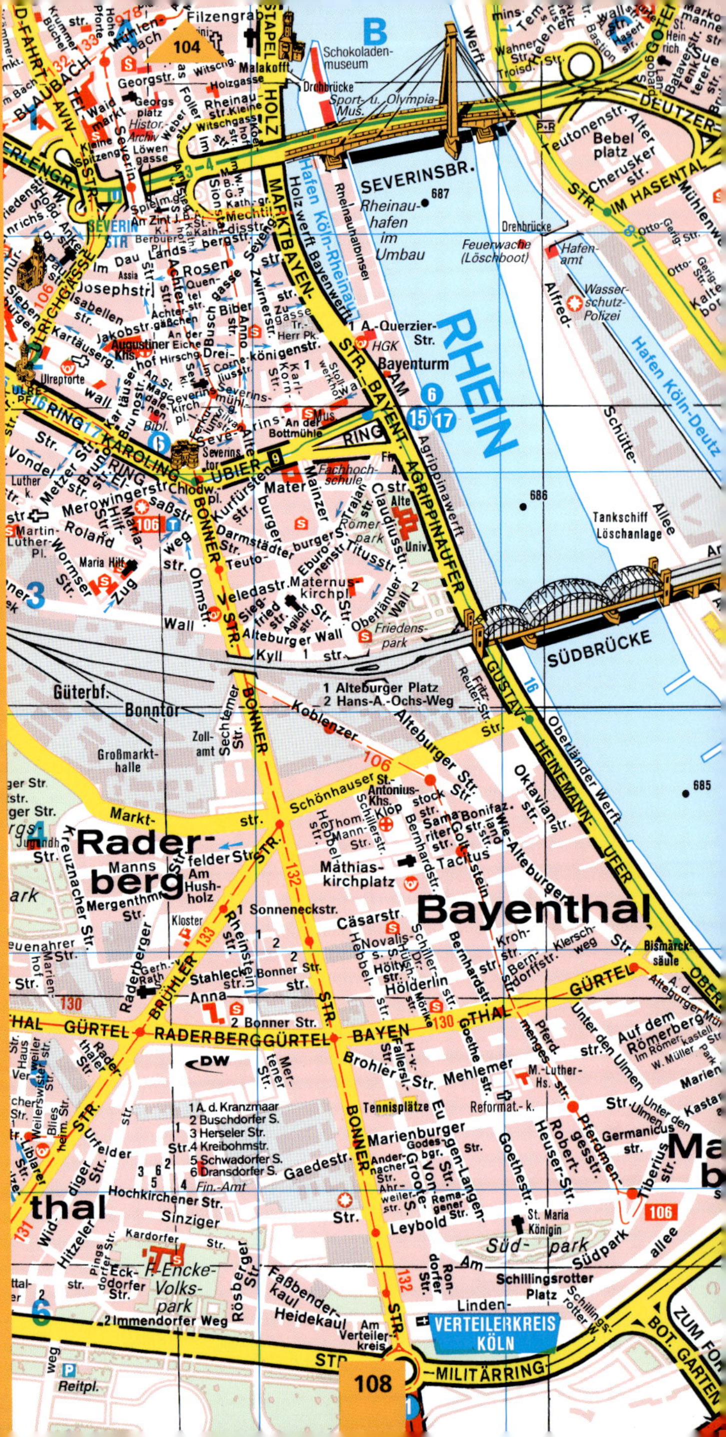

104
B
Schokoladen-museum
Sport- u. Olympia-Mus.
Drehbrücke
Malakoff
Filzengraben
Georgstr.
Holzgasse
Rheinau-str.
Witschgasse
Histor. Archiv
Waidmarkt
Löwengasse
Spitzengasse
Severin
Severinsbr.
687
Rheinauhafen im Umbau
Hafen Köln-Rheinau
Rheinauhafen
Holzwerft
Bayenwerft
Marktstr.
Feuerwache (Löschboot)
Hafenamt
Wasserschutz-Polizei
Hafen Köln-Deutz
Teutonenstr.
Bebelplatz
Cheruskerstr.
Im Hasental
Deutzer
Alfred-Schütte-Allee
RHEIN
Ulrichgasse
Josephstr.
Isabellenstr.
Kartäuserg.
Augustiner Khs.
Ulrepforte
Jakobstr.
Rosenstr.
Achterstr.
Biberstr.
Drei-königenstr.
Severinstor
Severinsmühle
Karolingerring
Ubierring
Chlodwigpl.
Bayenturm
A.-Querzier-Str.
HGK
Bayenstr.
Agrippinaufer
Agrippinawerft
Fachhochschule
Claudiusstr.
Römerpark
Univ.
Trajanstr.
686
Tankschiff Löschanlage
Merowingerstr.
Martin-Luther-Pl.
Roland
Maria Hilf
Wormser Str.
Volksgartenstr.
Darmstädter Str.
Teutoburger Str.
Eburonenstr.
Titusstr.
Maternuskirchpl.
Veledastr.
Siegfriedstr.
Ohmstr.
Bonner Str.
Alteburger Wall
Oberländer Wall
Friedenspark
Kyllstr.
Südbrücke
Güterbf.
Bonntor
Großmarkthalle
Zollamt
Sechtemer Str.
1 Alteburger Platz
2 Hans-A.-Ochs-Weg
Koblenzer Str.
Alteburger Str.
Fritz-Reuter-Str.
Gustav-Heinemann-Ufer
Oberländer Werft
685
Oktavianstr.
Marktstr.
Schönhauser Str.
St.-Antonius-Khs.
Bonifazstr.
Tacitusstr.
Raderberg
Bayenthal
Mannsfelder Str.
Am Hushholz
Mergenthmer Str.
Kreuznacher Str.
Mathiaskirchplatz
1 Sonneneckstr.
Cäsarstr.
Novalisstr.
Hölderlinstr.
Bernhardstr.
Schillerstr.
Kloster
Rheinsteinstr.
Brühler Str.
Raderberger Str.
Stahleckstr.
Annastr.
2 Bonner Str.
Kroh-str.
Bernsdorffstr.
Klerschweg
Bismarcksäule
Gürtel
Raderthalgürtel
Raderberggürtel
Bayenthalgürtel
Brohler Str.
Mehlemer Str.
M.-Luther-Hs.
Reformat.-k.
Pferdmengesstr.
Unter den Ulmen
Auf dem Römerberg
Tennisplätze
Marienburger Str.
Germanicusstr.
Tiberiusstr.
Robert-Heuser-Str.
Goethestr.
1 A. d. Kranzmaar
2 Buschdorfer S.
3 Herseler Str.
4 Kreibohmstr.
5 Schwadorfer S.
6 Dransdorfer S.
Fin.-Amt
Gaedestr.
Hochkirchener Str.
Sinziger Str.
Kardorfer Str.
Urfelder Str.
Raderthal
St. Maria Königin
Südpark
Leybold Str.
Fritz-Encke-Volkspark
2 Immendorfer Weg
Faßbenderkaul
Heidekaul
Am Verteilerkreis
Verteilerkreis Köln
Schillingsrotter Platz
Militärring
Bot. Garten
Reitpl.
106
132
133
130
131
16

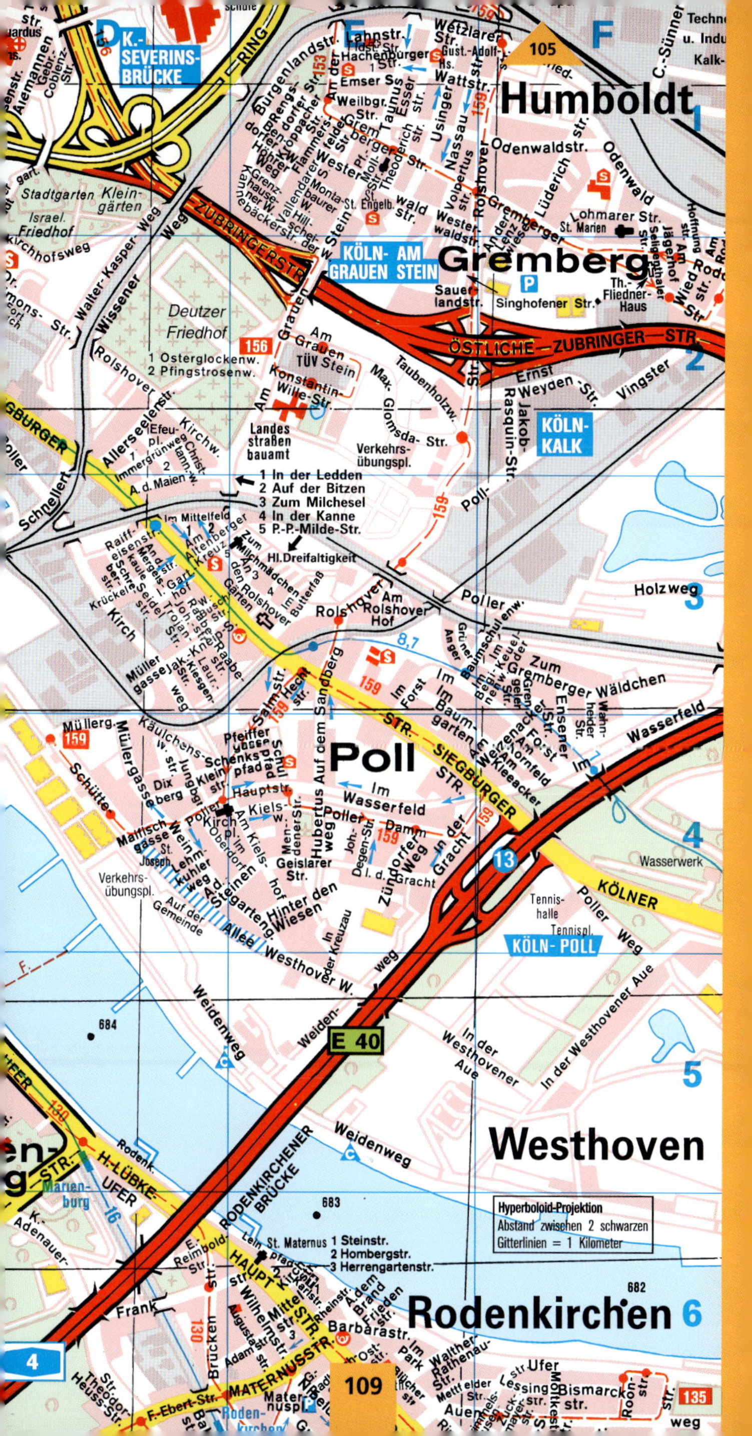

105
Humboldt
Gremberg
Poll
Westhoven
Rodenkirchen
K.-SEVERINS-BRÜCKE
KÖLN- AM GRAUEN STEIN
KÖLN-KALK
KÖLN-POLL
ÖSTLICHE ZUBRINGER STR.
ZUBRINGERSTR.
RING
SIEGBURGER STR.
KÖLNER
RODENKIRCHENER BRÜCKE
E 40
Deutzer Friedhof
Stadtgarten
Kleingärten
Israel. Friedhof
Landesstraßenbauamt
TÜV
Verkehrsübungspl.
1 Osterglockenw.
2 Pfingstrosenw.
1 In der Ledden
2 Auf der Bitzen
3 Zum Milchesel
4 In der Kanne
5 P.-P.-Milde-Str.
Hl.Dreifaltigkeit
Wasserwerk
Tennishalle
Tennispl.
Hyperboloid-Projektion
Abstand zwischen 2 schwarzen Gitterlinien = 1 Kilometer
St. Materns
1 Steinstr.
2 Hombergstr.
3 Herrengartenstr.
Marienburg
H.-LÜBKE-UFER
MATERNUSSTR.
HAUPT STR.
Odenwaldstr.
Lohmarer Str.
St. Marien
Singhofener Str.
Th.-Fliedner-Haus
Taubenholzw.
Vingster
Holzweg
Poller Weg
Weidenweg
Westhover W.
In der Westhovener Aue
Rolshover Kirchw.
Allerseelenstr.
Walter-Kasper-Weg
Wissener Weg
Kölner Weg
Zum Gremberger Wäldchen
Wasserfeld
Im Wasserfeld
Poller Damm
Geislarer Str.
Hinter den Wiesen
Hubertusweg
Auf dem Sandberg
Müllergasse
Schüttestr.
684
683
682
109
135

Helden
Kaldenkirchen
Lobberich
Tönisvorst
KREFELD
Lintort
Ratingen
NEDERLAND
Roggel
Nettetal
Süchteln
Anrath
Vorst
Swalmen
Naturpark
Brüggen
Dülken
Viersen
Willich
Osterath
Meerbusch
Schwalmtal
Elmpt
Kaarst
NEUSS
DÜSSELDORF
Niederkrüchten
Roermond
MÖNCHENGLADBACH
Korschenbroich
Büttgen
Glehn
RHEYDT
Maas
Montfort
Arsbeck
Schwalm-Nette
Posterholt
Wassenberg
Wegberg
WICKRATH
Schloss Dyck
Bedburdyck
Jüchen
Kapellen
Nievenheim
Dormagen
Erkelenz
Heinsberg
Ratheim
Holzweiler
Grevenbroich
Hückelhoven
Baal
Jackerath
Rommerskirchen
Saeffelen
Gangelt
Kaster
Stommeln
Pulheim
Titz
Kirchherten
Bedburg
KÖLN
Brunssum
Geilenkirchen
Linnich
Schloss Paffendorf
NL
Übach-Palenberg
Puffendorf
Jülich
Elsdorf
Bergheim
LÖVENICH
Baesweiler
Heppendorf
Horrem
Heerlen
Alsdorf
Aldenhoven
Niederzier
Frechen
Kerkrade
Herzogenrath
Kerpen
Hürth
Würselen
Inden
Merzenich
Blatzheim
Brühl
AACHEN
Langerwehe
Eschweiler
Düren
Nörvenich
Vaals
Gürzenich
Lechenich
Erftstadt
Gressenich
Stolberg
BRAND
Kreuzau
Müddersheim
Hürtgenwald
Vettweis
Weilerswist
Kleinhau
Zweifall
Froitzheim
Welkenraedt
Vossenack
Nideggen
Zülpich
Schmidt
Roetgen
Wollersheim
Eupen
Lammersdorf
Heimbach
Euskirchen
Rurberg
Rhein. Freilichtmuseum
Simmerath
Kommern
Einruhr
Mechernich
Jalhay
Gemünd
Bad Münstereifel
Fagnes
Monschau
Schleiden
Kall
Hautes
Mont Rigi
Kalterherberg
Wildfreigehege
Urft
Zingsheim
Botrange
Kloster Steinfeld
Zone interdite
Hellenthal
Nettersheim
Robertville
Rocherath
Hollerath
Tondorf
Malmédy
Bütgenbach
Blankenheim
Waimes
Büllingen
Schmidtheim
Weißer Stein
Aremberg
BELGIË
BELGIQUE
Losheimergraben
Kronenburg
Dahlem
Müsch
Jünkerath
Poteaux
Stadtkyll
Wiesbaum
St. Vith
Schönberg
Steffeln
Hillesheim
Oberehe-Stroheich
10km
Olzheim
Hohe Eifel
Kelberg
Schwarzer Mann
Schneifel
Weinsheim
Schirm
Bleialf
Gerolstein
Dockweiler
Winterspelt
Prüm

Velbert
Neviges
Heiligenhs.
Wuppertal-Oberbarmen
HAGEN
Gevelsberg
Letmathe
HOHENLIMBURG
Ihmert
Nachrodt-Wiblingwerde
Lenne-gebirge
Kr. Ratingen-Ost
Wülfrath
Wichlinghsn.
Ennepetal
Dahl
Schwelm
Altena
Neuenrade
Mettmann
WUPPERTAL
Breckerfeld
Schalksmühle
Werdohl
Haan
REMSCHEID
Radevormwald
Lüdenscheid
SOLINGEN
Halver
Herscheid
Nordhelle 663
Müngstener Brücke
Hückeswagen
Schloss Burg
Leichlingen
Wermelskirchen
Kierspe
Wipperfürth
Burscheid
Ebbegeb.
Dabringhsn.
Meinerzhagen
OPLADEN
Marienheide
Altenberger Dom
Gimborn
Kürten
Drolshagen
Odenthal
Bechen
Bergisches Naturpark
Gummersbach
Lindlar
Drolshagen
LEVERKUSEN
Engelskirchen
Ründeroth
Bergneustadt
BERGISCH GLADB.
Hohkeppel
BENSBERG
Bielstein
Reichshof-
Wiehl
Wiehler Tropfsteinhöhle
Denklingen
Overath
Rösrath
Schloss Homburg
Much
Wildbergerhütte
Bergisches Land
PORZ
Nümbrecht
Schloss Krottorf
Friesenhagen
Waldbröl
Lohmar
Neunkirchen-Seelscheid
Wesseling
Troisdorf
Morsbach
Ruppichteroth
Ndr.-Kassel
Siegburg
Sieglar
-Rosbach
Windeck-
Wissen
Hennef
Eitorf
BONN
Sankt Augustin
Hamm
Gebhardshain
Uckerath
Oberpleis
Buchholz
Weyerbusch
Kloster Marienstatt
Siebengeb.
Königswinter
Drachenfels
Aegidienberg
Asbach
Neitersen
Altenkirchen
Hattert
Meckenheim
Wachtberg-
Bad Honnef
Neustadt (Wied)
Flammersfeld
Hachenburg
Höchstenbach
Unkel
Roßbach
Graf-schaft-
Naturpark
Horhausen
Puderbach
Remagen
Linz
Herschbach
Waldbreitbach
Freilingen
Bad Neuenahr-Ahrweiler
Sinzig
Bad Hönningen
Dierdorf
Selters
Rheinbrohl
Westerwald
Ramersbach
Bad Breisig
Rengsdorf
Ransbach-Baumbach
Siershahn
Brohl-Lützing
Leutesdorf
Isenburg
Wirges
Spessart
Burgbrohl
Kempenich
Andernach
Neuwied
Bendorf
Höhr-Grenzhausen
Kloster Maria Laach
Laacher See
Weißenthurm
Montabaur
Hohe Acht 747
Mülheim-Kärlich
Vallendar
Ruine Nürburg
Virneburg
Mendig
Plaidt
KOBLENZ
Schloss Bürresheim
Ochtendung
Bad Ems
Mayen
Monreal
Kobern-Gondorf
Lahnstein
Nassau
Polch
Waldesch
Braubach
Marksburg
Rhens
Dachsenhausen
Kaisersesch
Münstermaifeld
Spay
Laubach
Lenne
Westerwald
Nassau

Das Register enthält eine Auswahl der im Cityatlas dargestellten Straßen und Plätze

In diesem Register finden Sie alle genannten Orte und Sehenswürdigkeiten, außerdem wichtige Personen und Stichworte. Halbfette Seitenzahlen verweisen auf den Haupteintrag, kursive auf ein Foto.

Schreiben Sie uns!

Liebe Leserin, lieber Leser,

wir setzen alles daran, Ihnen möglichst aktuelle Informationen mit auf die Reise zu geben. Dennoch schleichen sich manchmal Fehler ein – trotz gründlicher Recherche unserer Autoren/innen. Sie haben sicherlich Verständnis, dass der Verlag dafür keine Haftung übernehmen kann. Wir freuen uns aber, wenn Sie uns schreiben.

Senden Sie Ihre Post an die Marco Polo Redaktion,
MAIRDUMONT, Postfach 31 51, 73751 Ostfildern,
info@marcopolo.de

Impressum

Titelbild: Dom (Look: Wohner)
Fotos: W. Dieterich (5 r., 11, 12, 18, 40, 58, 64, 76, 78); Feldhoff & Martin (33); R. Freyer (U l., 19, 24, 39, 46, 50, 52, 62, 68, 70); R. Hackenberg (5 l., 9, 23, 27, 29, 61); HB Verlag: Bergmann (88); S. Kallnbach (4); laif: Huber (1, 2 u., 16, 67, 90), Krüll (81, 83), Linke (U M. 2 o., 14, 17, 44, 55, 63), Specht (U r.), Zanettini (86); Look: Wohner (97); Mauritius: Poehlmann (84), Rossenbach (85); H. P. Merten (6); Schuster: Leistner (34); Transglobe: Scholten (72); Verkehrsamt Köln (54); M. Zegers (7, 35)

3. (9.), aktualisierte Auflage 2006 © MAIRDUMONT, Ostfildern
Herausgeber: Ferdinand Ranft, Chefredakteurin: Marion Zorn
Redaktion: Leonie Dlugosch; Bildredakteurin: Gabriele Forst
Kartografie Cityatlas: © Falk Verlag, Ostfildern
Vermarktung: MAIRDUMONT MEDIA, media@mairdumont.com
Gestaltung: red.sign, Stuttgart

Printed in Germany. Gedruckt auf 100% chlorfrei gebleichtem Papier

Bloß nicht!

Wie in jeder Großstadt lässt man auch in Köln manche Dinge besser bleiben

Den Köbes mit »Herr Ober« rufen

Bestenfalls werden Sie dann überhaupt nicht bedient. Egal, ob der Brauhauskellner im blauen Wams Albert oder Peter heißt: Man ruft ihn einfach »Köbes«.

Im Brauhaus Tee bestellen

Darauf bekommen Sie zu hören: »Mer sin en Brauhaus un kein Sanatorium!« Ähnlich unwirsch reagiert der Köbes, wenn Sie nach Glühwein fragen. Am schlimmsten: Altbier verlangen. Das trinkt man nur in Düsseldorf, und da hört der kölsche Humor endgültig auf.

Helau rufen

Das macht man nur in Düsseldorf und Mainz. Die Kölner rufen »Kölle Alaaf«. Das kommt von »Cöllen al aff«, d. h. Köln über alles und wurde erstmals 1733 im Karneval als Lob- und Trinkspruch ausgerufen. Apropos trinken: Lassen Sie an Rosenmontag Ihre Kreditkarte im Hotelsafe, denn in den Kneipen wird nach jedem Kölsch sofort bar kassiert.

Umwege erlauben

Die Taxiinnung geht zwar rigoros gegen schwarze Schafe vor, aber manche Chauffeure glauben trotzdem, Ihnen erst mal das halbe Rheinland zeigen zu müssen. Um herauszufinden, ob Sie sich auskennen, fragt der Fahrer jovial: »Na, wieder mal in Köln?« Antworten Sie dann bloß nicht: »Ich bin zum ersten Mal hier«.

Unbekümmert parken

Die Politessen machen selbst in den Vororten bis 23 Uhr Jagd auf Falschparker. Wenn Sie Radwege oder Feuerwehrzufahrten zuparken oder Ihren Wagen auf Behindertenparkplätzen abstellen, dann können Sie ihn in der Mauritiusgarage oder beim Colonia Abschleppdienst auslösen und je nach Dauer der Unterstellung aber mindestens 110 Euro berappen.

Dieben Gelegenheit geben

Wie in jeder Großstadt sollten Sie sich in Acht nehmen, vor allem im Hauptbahnhof und rund um den Dom: Hier tummeln sich Taschendiebe und Trickbetrüger. Auch auf Weihnachtsmärkten und bei Großveranstaltungen haben Langfinger Hochkonjunktur.

Nachts am Rhein

Die Rheinuferpromenade ist nördlich der Hohenzollernbrücke nachts nicht gerade die sicherste Gegend für einen Spaziergang.

Unverbindliches missverstehen

»Besuchen Sie mich mal!« Eine solche Einladung aus dem Mund eines Rheinländers ist nicht unbedingt ernst gemeint.